U0491357

教育部人文社会科学研究青年基金项目资助
（项目题名：高职院校学生获得感的生成与提升策略研究，项目批准号：20YJC880042）
南京工业职业技术大学引进人才科研启动基金项目资助
（项目题名：高职院校学生获得感的影响因素和提升策略研究，项目批准号：2019SKYJ01）
江苏省第六期"333高层次人才培养工程"资助

创业社会网络对大学生创业警觉性的影响机制研究

李国彦 ◎ 著

企业管理出版社
ENTERPRISE MANAGEMENT PUBLISHING HOUSE

图书在版编目（CIP）数据

创业社会网络对大学生创业警觉性的影响机制研究／李国彦著．—北京：企业管理出版社，2023.2

ISBN 978-7-5164-2791-0

Ⅰ．①创… Ⅱ．①李… Ⅲ．①社会网络—影响—大学生—创业—研究 Ⅳ．① G647.38

中国版本图书馆 CIP 数据核字（2022）第 252662 号

书　　名：	创业社会网络对大学生创业警觉性的影响机制研究
书　　号：	ISBN 978-7-5164-2791-0
作　　者：	李国彦
策　　划：	寇俊玲
责任编辑：	寇俊玲
出版发行：	企业管理出版社
经　　销：	新华书店
地　　址：	北京市海淀区紫竹院南路17号　　邮　　编：100048
网　　址：	www.emph.cn　　电子信箱：1142937578@qq.com
电　　话：	编辑部（010）68701408　　发行部（010）68701816
印　　刷：	北京虎彩文化传播有限公司
版　　次：	2023年3月 第1版
印　　次：	2023年3月 第1次印刷
开　　本：	700毫米×1000毫米　　1/16
印　　张：	11印张
字　　数：	210千字
定　　价：	58.00元

版权所有　翻印必究　·　印装有误　负责调换

前　　言

　　创业是在我国经济转型关键时期实现经济结构调整和优化升级的重要手段之一。大学生创业已经成为缓解就业压力、促进经济发展的重要举措。开展创业警觉性研究有助于引导大学生合理地开展创业活动，但是就目前的相关研究来看，探索创业警觉性形成机制的研究并不多见，特别是基于大学生的创业特性从社会网络视角探索，通过创业学习形成创业警觉性的研究更不充分。

　　本研究将社会网络、创业学习与创业警觉性理论相结合，使用博弈论与实证研究方法，在理论分析的基础上，通过对江苏省高校创业大学生的深度访谈和大规模调研，探索大学生核心创业团队的社会网络特性、显性知识传递意愿、隐性知识传递意愿、信念学习意愿、创业制度和创业警觉性之间的关系，揭示创业社会网络、创业学习、创业制度影响大学生创业警觉性的机理。本研究得到如下结论：

　　第一，创业学习由创业者的个体学习和群体学习共同构成，呈现螺旋式上升，创业社会网络对创业者形成创业认知、产生创业意愿具有显著影响。

　　第二，大学生创业者通过与核心团队成员的互动开展创业学习，创业社会网络各维度对创业学习产生不同类型的影响。网络规模对显性、隐性知识传递意愿产生倒 U 型影响，网络异质性对隐性知识传递意愿和信念学习意愿产生显著的负向影响，认知信任对显性知识传递意愿产生显著的正向影响，情感信任对隐性知识传递意愿和信念学习意愿均产生显著的正向影响，但是网络强度对创业学习的影响并不显著。

　　第三，创业警觉性的形成离不开创业者的主动学习过程，创业社会网络各维度对创业警觉性产生不同的影响。网络规模对创业警觉性产生倒 U 型影响，网络异质性对创业警觉性产生显著的负向影响，认知信任和情感信任对创业警觉性产生显著的正向影响，而网络强度对创业警觉性的影响并不显著。

第四，创业社会网络对创业警觉性的影响并不是完全直接实现的，部分影响需要以创业学习作为中介因素才能得以实现，创业学习在创业社会网络各维度影响创业警觉性过程中发挥了不同的中介作用。显性知识传递意愿在认知信任影响创业警觉性的过程中发挥了完全中介作用，在网络规模影响创业警觉性的过程中发挥了部分中介作用；隐性知识传递意愿和信念学习意愿在网络异质性影响创业警觉性的过程中发挥了完全中介作用，隐性知识传递意愿在网络规模和情感信任影响创业警觉性的过程中发挥了部分中介作用，信念学习意愿在情感信任影响创业警觉性的过程中发挥了部分中介作用。

第五，创业制度是激发创业行为产生的重要激励要素，它影响着创业警觉性的形成过程。创业制度在网络异质性影响隐性知识传递意愿和信念学习意愿的过程中发挥了明显的负向调节作用，说明合理的创业制度可以缓解异质性对创业学习产生的消极影响。

以上研究结论说明优质的创业社会网络能够促使创业者产生创业警觉性，社会、高校和创业团队在帮助大学生创业者建立创业社会网络时需要做到五个方面：①有效地控制创业社会网络的规模；②适度提高核心团队成员之间的同质化水平；③加强认知和情感信任以搭建低成本的互动学习平台；④鼓励团队内部形成互惠合作的创业学习氛围；⑤依据团队成员的学习特点建立创业学习奖惩制度。

本书在研究和写作过程中参阅了国内外大量的研究文献，并获得教育部人文社会科学研究青年基金项目（项目题名：高职院校学生获得感的生成与提升策略研究，项目批准号：20YJC880042）、南京工业职业技术大学引进人才科研启动基金项目（项目题名：高职院校学生获得感的影响因素和提升策略研究，项目批准号：2019SKYJ01）、江苏省第六期"333高层次人才培养工程"的资助；同时，本书的出版得到了企业管理出版社的大力支持和帮助，在此一并表示真挚的感谢。

由于作者研究水平有限，书中的某些内容与观点还有待进一步研究和完善，不足之处在所难免，希望得到相关领域专家学者的批评指正！

李国彦

2022年12月

目　录

第1章　绪　论 ………………………………………………… 001
1.1　研究背景 ………………………………………………… 001
1.1.1　实践背景 ………………………………………… 001
1.1.2　理论背景 ………………………………………… 003
1.2　研究目的及意义 …………………………………………… 005
1.2.1　研究目的 ………………………………………… 005
1.2.2　研究意义 ………………………………………… 005
1.3　研究内容 …………………………………………………… 007
1.4　研究方法及思路 …………………………………………… 009
1.4.1　研究方法 ………………………………………… 009
1.4.2　研究思路 ………………………………………… 009

第2章　国内外研究成果及文献评述 ……………………… 011
2.1　创业警觉性的相关研究 …………………………………… 011
2.1.1　创业警觉性的概念 ……………………………… 011
2.1.2　创业警觉性的学习性本质 ……………………… 014
2.1.3　创业警觉性形成的过程 ………………………… 017
2.1.4　创业警觉性对创业活动的影响 ………………… 019
2.2　创业社会网络的相关研究 ………………………………… 020
2.2.1　社会网络的相关研究 …………………………… 020
2.2.2　创业社会网络的概念 …………………………… 021
2.2.3　创业社会网络对创业学习的影响 ……………… 022
2.3　文献评述 …………………………………………………… 025
2.3.1　以往研究的主要结论 …………………………… 025

2.3.2 有待进一步研究的问题 ·············· 027
2.4 本章小结 ·············· 029

第3章 创业社会网络对创业行为的影响分析 ·············· 030
3.1 基于创业社会网络的创业学习分析 ·············· 030
 3.1.1 创业过程模型综述 ·············· 031
 3.1.2 基于复杂适应性的大学生创业模型 ·············· 033
 3.1.3 基于双循环的大学生创业学习过程 ·············· 035
 3.1.4 主要结论 ·············· 037
3.2 创业认知的影响因素分析 ·············· 037
 3.2.1 创业认知的影响因素模型假设 ·············· 038
 3.2.2 调查及统计分析 ·············· 040
 3.2.3 主要结论 ·············· 041
 3.2.4 对策与建议 ·············· 042
3.3 创业意愿的影响因素分析 ·············· 043
 3.3.1 创业意愿的影响因素模型假设 ·············· 044
 3.3.2 调查及统计分析 ·············· 046
 3.3.3 主要结论 ·············· 047
 3.3.4 对策与建议 ·············· 050
3.4 本章小结 ·············· 052

第4章 创业社会网络对创业知识传递意愿的影响分析 ·············· 054
4.1 创业社会网络影响知识传递的因素分析 ·············· 054
 4.1.1 创业社会网络的基本特征 ·············· 054
 4.1.2 创业社会网络的制度特征 ·············· 057
4.2 创业社会网络对显性知识传递意愿的影响分析 ·············· 058
4.3 创业社会网络对隐性知识传递意愿的影响分析 ·············· 061
 4.3.1 创业社会网络影响隐性知识传递意愿的主要因素 ·············· 062
 4.3.2 利用声誉模型分析隐性知识传递的可行性 ·············· 064
 4.3.3 隐性知识传递的代理人—声誉模型的构建 ·············· 066
 4.3.4 模型求解 ·············· 069
 4.3.5 模型相关参数分析 ·············· 070
4.4 本章小结 ·············· 072

第5章 创业社会网络对创业信念学习意愿的影响分析 …………073
5.1 创业社会网络影响信念学习意愿的因素分析 ……………073
5.2 利用演化博弈分析信念学习的可行性 ………………………075
5.3 信念学习演化博弈模型的构建 ………………………………077
5.3.1 信念学习的收益及成本函数分析 ……………………077
5.3.2 模型的基本假设 ………………………………………078
5.3.3 演化策略的稳定性分析 ………………………………079
5.3.4 影响信念学习参与者比例的因素分析 ………………080
5.4 惩罚机制下的信念学习演化博弈模型 ………………………081
5.4.1 惩罚机制下的信念学习演化博弈模型假设 …………081
5.4.2 惩罚机制下的演化策略的稳定性分析 ………………083
5.4.3 罚金对信念学习策略参与者比例的影响 ……………083
5.4.4 社会网络因素对信念学习的影响性分析 ……………084
5.5 本章小结 ………………………………………………………085

第6章 创业警觉性影响因素假设的提出与问卷设计 …………086
6.1 创业警觉性的宏观和微观影响因素分析 ……………………087
6.2 实证研究假设的提出与概念模型的构建 ……………………088
6.2.1 微观层面 ………………………………………………088
6.2.2 宏观层面 ………………………………………………099
6.2.3 概念模型的构建 ………………………………………101
6.3 变量的测量及问卷设计 ………………………………………102
6.3.1 问卷设计的基本原则 …………………………………102
6.3.2 研究变量的问卷设计 …………………………………103
6.4 研究变量测量的修订与评价 …………………………………109
6.4.1 小规模测试的程序和方法 ……………………………109
6.4.2 小规模测试数据的评价 ………………………………111
6.5 本章小结 ………………………………………………………113

第7章 社会网络对创业警觉性的宏观和微观影响实证分析 ……114
7.1 数据的收集与整理 ……………………………………………114
7.1.1 数据的收集 ……………………………………………114
7.1.2 样本的统计性描述 ……………………………………115

  7.1.3 数据的信度与效度评价 ·· 115
 7.2 回归分析与研究假设的检验 ··· 116
  7.2.1 数据处理及相关性分析 ·· 116
  7.2.2 创业学习意愿的中介效应分析 ·································· 117
  7.2.3 创业制度的调节效用检验 ······································· 126
 7.3 实证研究结果总结 ·· 129
 7.4 本章小结 ··· 133

第8章 创业社会网络对大学生公益创业的影响分析 ·········· 134
 8.1 大学生公益创业组织发展影响因素分析 ······························ 134
  8.1.1 大学生公益创业影响因素模型 ·································· 134
  8.1.2 大学生公益创业案例研究 ······································· 137
  8.1.3 研究结论 ··· 140
 8.2 专创融合视角下高校公益创业教育模式探索 ······················· 142
  8.2.1 公益创业教育与创业教育的关系 ······························ 142
  8.2.2 公益创业教育发展的现状及问题 ······························ 143
  8.2.3 专创融合视角下高校公益创业教育模式的构建 ············ 145
 8.3 本章小结 ··· 147

第9章 研究结论、建议与展望 ·· 149
 9.1 主要工作 ··· 149
  9.1.1 研究工作 ··· 149
  9.1.2 管理启示 ··· 152
 9.2 研究创新点与展望 ··· 153
  9.2.1 研究创新点 ··· 153
  9.2.2 研究展望 ··· 154

附录 大学生创业警觉性调查问卷 ·· 157
参考文献 ··· 160
后 记 ··· 168

第1章 绪　论

1.1 研究背景

1.1.1 实践背景

从全球近30年的发展变化来看，人口结构的调整、科学技术的变革以及地区经济的波动对整个世界产生了前所未有的影响，给世界各国的发展带来了新的挑战和机遇，政府、各类社会组织和公众将创业视为迎接挑战的重要手段。创业及经济增长之间存在正向动态互动关系，创业对经济增长的促进作用持续时间较长。李克强总理指出，推动大众创业、万众创新，既可以扩大就业、增加居民收入，又有利于促进社会纵向流动和公平正义。习近平总书记高度重视青年和青年工作，他强调实现全面建成小康社会奋斗目标，实现社会主义现代化，实现中华民族伟大复兴，需要一批又一批德才兼备的有为人才为之奋斗。随着全国范围内创新创业活动的广泛开展，各地区纷纷从创业教育、创业政策入手改善创业环境以提升经济活力。

为推动"大众创业、万众创新"，政府需要简政放权、放管结合、强化服务改革，持续为大众创业、万众创新清障搭台，释放中国经济的无限活力。为鼓励高校大学生这一创业人群的创业活力，近10年以来，中央及各地政府相关部门和教育部门大力提倡、鼓励大学生自主创业并提供相应扶持政策，高校也从完善创业教育体系、营造创业氛围、提供创业资源等方面构建良好的创业环境。2021年10月国务院办公厅印发《关于进一步支持大学生创新创业的指导意见》，指出要以习近平新时代中国特色社会主义思想为指导，全面贯彻党的教育方针，落实立德树人根本任务，立足新发展阶段、贯彻新发展理念、构建新发展格局，坚持创新引领创业、创业带动就业，提升人力资源素质，实现大学生更加充分、更高质量就业。政策导向使越来越多的大学生将创业视为改善就业的重要途径，麦可思研究院发布的《2022年中国大学生就业报告》显示：2021届本科毕业生自主创业比例为1.2%，高职毕业生自主创业比例为3.1%，创业比例较前两年略有下降；从创业领域来看，2021届选择灵活就业的毕业生中，有近三成属于依托互联网平台的新就业形态，主要包括主播、全媒体运营等。从已创业3年的学生情况来看，2018届毕业后选择创业的本科毕业生中，3年内超过半数退出创业；创业的高职毕业生中，3年内有六成以上退出创业。因此从总体来看，创业还未能有效达成改善大学生就业，促进经济发展的重要目标，因此在开展创业活动、配套相关创业政策的同时，还迫切需要对大学生创业活动本身进行理论探索和指导，发现制约大学生创业行为的障碍并提出相应的改善措施。

作者持续追踪、调查大学生创新创业活动，主持多项与大学生创新创业教育相关的科研项目，指导10余项各类大学生创新创业竞赛并获奖。在针对江苏省大学生创业行为的前期调查中发现：当前大学生创业最急需解决"项目、资金和能力"问题，大学生最缺乏的也正是这三个方面的政策配套。因此，可以明确"发现创业机会、提升创业能力、提供与创业需求相符合的政策"是促进大学生创业的重要条件。前期调查显示大学生创业中存在的障碍体现在如下两个方面：一是制约大学生创业的首要问题是在创业初期普遍感觉缺乏好的创业项目。产生这种感受的一个重要原因是大学生创业能力不足，不能充分识别创业机会。作为影响创业机会识别的重要因素，创业警觉性的高低影响了大学生判别创业机会的能力，因此大学生需要提升创业警觉性、改善创业机会识别能力。作为培养大学生创业警觉性的基础——高校创业教育体系如何设置才能真正传递创业知识、培养创业能力，成为大学生创业者持续创业能量的源泉？这些问题的解决都离不开对大学生创业警觉性影响因素的探索。二是制约大学生创业的另一个问题就是创业制度不匹配。从宏观来看，我国各级政府对大学生创业给予了大量政策支持，表现在融资、税收、创业培训、创业指导等诸多方面，但是很多政策的执行并没有真正让大学生感受到扶持，例如从资金来源看，目前我国大学生创业资金来源依旧比较单一，主要来源依次为家庭支持、合伙融资、银行贷款、风险投资和政府资金。从创业团队管理来看，大学生所在的创业群体内部通常缺乏正规的管理制度，团队成员的行为随意性大、人员流动性较强，影响团队的学习和创造能力。这些问题反映出创业配套政策和大学生实际需求还存在一定差距，创业团队管理缺乏约束和激励机制。为何创业制度未能发挥预期的促进创业的作用？创业制度如何影响创业行为？创业制度如何真正从大学生创业活动的需求出发？创业团队如何开展有效管理？这一系列问题已经成为促使创业政策顺利落实和执行、推动大学生创业所迫切需要研究和解决的问题。

1.1.2 理论背景

1. 创业警觉性的研究有待深入

作为商业社会一个经久不衰的研究主题，创业相关领域研究自20世纪50年代以来就从未停止过。1947年，哈佛商学院的麦斯教授创建了创业学学科体系框架，并在哈佛商学院开设了创业学课程。1953年，彼得·德鲁克在纽约大学开设了创业学课程。针对大学生这样一个年轻的创业群体的研究更是近年来创业领域的研究热点。目前，针对大学生创业的研究主要集中在创业行为调查、创业过程模型构建、创业能力构成及创业意愿影响因素分析等，也有学者针对创业活动的初始阶段——大学生创业机会评价和创业学习等问题进行了探索。总体来看，如何提升大学生创业意向的研究比较受到重视。

作者在进行江苏省大学生创业行为研究的过程中发现：大学生创业意向的形成是多种因素共同作用的结果，创业警觉性对创业机会的识别和评价产生着显著影响。创业者发掘创业机会是产生创业意向的首要条件，较高的创业警觉性能帮助创业者发掘和评估创业机会，因此提高创业警觉性就成为大学生创业管理的首要任务。虽然目前对于创业警觉性的定义并不统一，但是研究者普遍认同创业警觉性对机会发现的影响作用。目前关于创业警觉性的研究主要集中在其维度构成以及其与机会发现之间的作用机制，而缺乏进行纵深考察，即创业警觉性本身受哪些因素的影响？这些因素如何影响创业者的创业警觉性水平？特别是随着社会网络组织研究的深入，创业者所在的创业社会网络对创业警觉性的影响机制成为一个"新鲜"的创业研究主题。

2.社会网络对创业活动的影响需要考虑社会互动效应

社会网络研究方法自出现以来主要应用于社会学问题的研究。随着研究的深入，经济、管理等学科领域的许多问题也开始尝试应用社会网络理论。伴随世界各地创业及创新活动的发展，越来越多的研究者发现创业者的社会网络会对创业活动产生重要影响，并可采用社会网络理论对创业关键问题进行分析与阐述。国内学者通过实证研究发现社会网络对大学生创业效能感、创业绩效有显著的提升作用。目前，社会网络在创业管理领域主要应用于创业意向、创业绩效、企业群落和战略联盟等研究。社会网络对大学生创业意向的研究主要集中在使用网络范围、强度、密度、异质性等结构维度，从资源角度探索网络中的信息流动、资源共享对潜在创业者创业心理产生的影响。创业网络为创业者带来的不仅有信息共享与交换，还包括网络中的其他个体对创业者潜移默化的社会互动影响，这种互动影响表现为塑造创业者的行为决策偏好，甚至价值观。由于存在社会互动，创业者的行为表现出一种独特的惯性和偏好，社会力量通过文化传递，也就是学习方式影响了创业者的行为偏好。因此在研究社会网络影响创业活动的过程中必须思考网络力量是如何通过创业学习影响大学生创业警觉性的水平？在创业学习过程中，社会网络在显性知识和隐性知识的学习中是否发挥了相同的作用？社会网络中的社会互动效应如何产生？它们又受到那些因素的影响？

3.构建社会网络影响创业警觉性的宏观和微观综合模型

传统的创业研究分别从宏观、微观层面探索创业行为，即探索创业者对创业行为的影响，分析创业社会制度对创业行为的影响。微观角度主要从个人特质、自我效能感、个人信息及资源的获取角度分析个体创业意向的形成，宏观角度主要探讨创业政策的构成框架和内容影响创业决策的机制。从社会互动角度来看，文化、规范和社会结构的影响构成了社会互动因素，如果仅从社会网络角度或者创业制度角度研究创业行为就破坏了社会互动理论的完整性，缺乏从整体角度构建创业警觉性形成的综合模型。因此有必要通过分析社会网络和创业制度对于创业者警觉性的共同影响，探索大学生创业行为的宏观、微观影响因素，有针对性地提出改善大学生创业警觉性的宏观政策和微观管理策略。

1.2 研究目的及意义

1.2.1 研究目的

本研究在理论上从社会网络视角出发讨论创业社会网络对创业警觉性的影响作用，并通过实证研究对以上影响关系进行验证。研究的根本目的在于：一是从显性知识、隐性知识的传递与创业学习的社会互动效应出发，通过探索大学生创业社会网络对创业警觉性的影响，找到创业警觉性形成的主要影响因素，为帮助大学生创业者构建更加有效的创业网络奠定理论基础；二是探索社会创业制度对创业警觉性的影响机制，为建设更加有效的创业制度提出对策和建议，使社会创业制度真正发挥对大学生创业警觉性的促进作用。

1.2.2 研究意义

1.理论意义

随着对大学生创业活动的重视，大学生创业研究在我国取得了前所未有的发展。但是从目前研究的侧重点来看，研究内容相对比较集中在大学生创业意向、创业过程、创业政策、创业教育几个领域。例如，在创业意向领域讨论创业者个体、环境因素影响创业意向的形成过程。但是创业意向的形成离不开对创业机会的识别，如果不考虑创业警觉性，忽视影响创业警觉性的因素就不能识别创业意向形成的复杂过程，不能真正达成改善创业活动的根本目的。本研究就是基于目前大学生创业研究中的不足，在前期研究已经发现创业警觉性在创业意向形成过程发挥中介效用的基础上，从影响创业意向形成的一个重要因素——创业警觉性的形成出发，探索创业警觉性的影响因素及形成过程。从社会网络视角出发，研究创业网络、创业知识传递、信念学习与创业警觉性的关系，从宏观和微观角度构建社会网络影响创业警觉性的综合模型，以期深化大学生创业警觉性的研究。根据研究内容，本研究的理论意义体现在以下三个方面：

第一，明确大学生创业警觉性的学习本质，深化大学生创业学习理论。创业警觉性是创业者开展创业学习的重要结果。在创业学习研究领域，大部分学者通过认知学习理论构建创业学习体系，但是少有从社会互动角度对创业学习进行探索研究。本研究把认知学习理论和社会互动理论结合起来，从创业知识学习和行为改善两个层面对大学生创业学习开展研究。创业学习本身就是一个通过掌握知识到影响行为的过程，本研究通过理论与实证分析相结合的方式，找到影响创业知识传递意愿和信念学习意愿的主要因素，深化大学生创业学习理论。

第二，将网络组织引入大学生创业学习，深化创业社会网络对大学生创业学习的影响。大学生创业学习离不开身处的创业学习网络，虽然社会网络在创业领域研究中早已起步，但是讨论社会网络对创业学习影响的研究并不多。本研究根据大学生创业行为的主要特征，描绘创业学习网的基本结构，并深入讨论创业社会网络的不同要素对知识传递、信念学习产生的不同影响。

第三，讨论创业社会网络对创业警觉性的影响，深化创业警觉性的理论研究。目前关于创业警觉性的研究主要基于微观角度从创业者对信息的发掘角度探讨警觉性的形成过程，包括经历了创业者的偶然发现到对创业者积极主动地发掘和探索两个阶段。本研究将创业学习与创业警觉性理论密切结合，从创业知识学习和信念学习两个层面讨论创业警觉性的形成机制，这是对创业警觉性理论的进一步深化。此外，目前在创业警觉性的形成过程中还缺乏从宏观的创业制度角度分析其对创业警觉性的影响。本研究通过整合宏观和微观因素，构建社会网络、创业制度影响创业警觉性的宏观和微观综合模型，并通过实证研究验证社会网络、创业制度对创业警觉性的影响过程，这对改善我国大学生创业警觉性的形成与发展奠定理论基础。

2.实践意义

创业作为全球近30年刺激经济发展的重要手段受到各个国家的关注，从鼓励社会创业到鼓励大学生创业，各国政府机构和高校都给予了极大扶持。但是作为创业活动未来的领军人物——大学生的创业活动在我国的发展遇到一个明显的瓶颈，虽然外部创业环境改善显著，但是大学生创业素质和创业意向还有待提高。要提升大学生的创业活力，首先就要从创业前期的准备活动入手，即通过改善大学生的创业警觉性水平，提高对创业机会的有效识别，改善大学生创业意向。本研究从大学生创业者的社会网络出发，探讨了社会网络对大学生创业警觉性的影响，并基于对以上问题的分析，为我国大学生高校创业教育、创业团队管理、创业政策的制定等工作提供重要参考。本研究的实践意义体现在以下三个方面：

第一，将大学生创业学习中的知识传递过程分为显性知识传递和隐性知识传递。通过对大学生创业社会网络的分析，找到社会网络对显性知识、隐性知识传递意愿的影响机制，为大学创业教育中的理论、实践教育体系设置提供参考。

第二，通过对创业社会网络的社会互动性分析，找到社会网络对大学生信念学习意愿影响机制，讨论社会网络在大学生能力改善、技术提升、价值观转变中发挥的作用，为在大学生创业教育中帮助创业者进行有效的信念学习奠定基础。

第三，从宏观角度讨论创业制度对大学生创业警觉性的影响。结合上述分析过程，构建社会网络、创业制度影响大学生创业警觉性的宏观和微观模型，为全面提升大学生创业警觉性提供对策和建议。

1.3 研究内容

本研究针对大学生创业警觉性影响机制进行研究，在社会网络的视角下识别影响大学生创业警觉性的各种因素，并判断这些因素如何作用于创业警觉性；结合这些因素对创业警觉性的影响，讨论如何建设大学生创业社会网络以推动大学生开展创业活动。为达到以上研究目标，本研究主要在以下三个方面展开论述：

（1）大学生创业社会网络和创业警觉性形成的主要特点分析。本研究的研究对象是高校的创业大学生，因此他们的创业社会网络与一般创业者的社会网络具有一定的差异性。调查显示，大学生的创业项目主要集中在手工、创意和艺术设计领域，创业团队规模比较小，在构成上通常包括同学、朋友和高校创业辅导机构的老师。随着基于互联网的沟通工具的发展，大学生更青睐选择基于互联网的沟通方式。要改善在校大学生的创业警觉性需要基于大学生创业社会网络的特点和大学生学习能力特点。因此，本研究讨论了大学生创业社会网络和创业警觉性形成特点，包括在校大学生创业社会网络的特点，大学生创业社会网络的特征要素，大学生创业警觉性的学习性本质以及大学生创业学习的主要构成过程。

（2）创业社会网络对创业学习影响规律的理论分析。大学生在社会网络中开展的创业学习包括显性知识、隐性知识学习和信念学习。显性知识的传递可以通过多种媒介直接完成，而隐性知识学习和信念学习的过程较显性知识的学习更为复杂，需要经过多次的互动学习过程才能完成，所以需要在理论层面对创业隐性知识学习和信念学习过程进行分析，找到创业社会网络对隐性知识学习和信念学习的影响规律。因此，本研究使用委托代理博弈模型与声誉效应相结合，分析创业社会网络对隐性知识学习意愿的影响，使用演化博弈模型分析创业社会网络对信念学习意愿的影响，为进行实证研究奠定理论基础。

（3）创业社会网络、创业学习、创业制度对创业警觉性影响的实证检验。通过创业社会网络，大学生可以搜索、学习和创业相关的各类知识、技能和思维模式，促进创业警觉性的形成和发展。创业社会网络不仅影响创业学习的意愿和效果，也影响着创业学习的重要结果——创业警觉性的产生和发展。但是由于社会网络各维度对创业学习影响规律不同，它们对创业警觉性的影响效果也就各不相同。创业学习的环境，特别是制度和氛围要素也影响了创业学习的意愿和效果。因此，本研究构建了基于社会网络的大学生创业警觉性影响因素的概念模型，并提出相应的假设，通过数据采集和实证分析，检验创业学习在社会网络影响创业警觉性过程中的中介作用，创业制度在社会网络影响创业学习意愿中的调节作用，为构建有效的大学生创业网络奠定基础。

1.4 研究方法及思路

1.4.1 研究方法

为了能够达成研究目标，在不同阶段需要使用不同的研究方法，本研究使用的研究方法如下：

（1）文献研究。文献研究方法在本研究中应用于现有相关研究文献的述评，文献检索范围主要包括已出版的相关书籍、期刊（含电子期刊）以及中国博士学位研究全文数据库、中国优秀硕士学位研究全文数据库。

（2）理论分析。本研究运用理论分析法探讨社会网络对知识传递和信念学习的作用机理，创业政策在该影响过程中的调节作用以及知识传递和信念学习对创业警觉性形成的主要影响。通过对既有理论的探讨，形成了研究框架及理论假设。

（3）博弈分析。本研究使用的博弈分析如下：

第一，利用声誉模型和多任务委托代理建模理念，建立隐性知识传递的激励模型；

第二，利用进化博弈理论讨论社会网络对信念学习的影响。大学生创业者在创业网络中的学习是循序渐进的，进化博弈中的有限理性假设使该模型能够更好地描述大学生的创业学习。

（4）实证分析法。实证分析法主要在本研究中应用于以下四项内容：

第一，验证社会网络因素对创业显性知识和隐性知识传递的影响假设；

第二，验证社会网络对信念学习的影响假设；

第三，验证创业知识传递、信念学习对创业警觉性的影响假设；

第四，验证社会创业制度在社会网络对创业学习的影响假设。

1.4.2 研究思路

为了能够清楚地阐述研究内容并解决研究问题，本书按照如下的思路展开研究：

（1）文献分析。该部分描述了大学生创业警觉性、创业社会网络、创业知识传递、信念学习的基本内涵和相互关系，通过对现有研究主要结论的综述，提出有待进一步研究的问题。

（2）理论模型建立。该部分通过博弈论分析了创业社会网络对隐性知识传递、信念学习意愿的影响作用。基于现有理论研究建立了社会网络影响显性知识传递、隐性知识传递、信念学习意愿形成的假设、社会创业制度作用于对该过程的影响假设、创业知识传递与信念学习意愿影响创业警觉性的假设。

（3）问卷设计。该部分设计了主要研究变量：大学生创业警觉性、创业网络（关系、结构、治理机制）、创业显性知识传递、创业隐性知识传递、信念学习、社会制度以及控制变量。主要变量的测量都借鉴已有且应用比较广泛的量表，另有少数变量的测量根据既有研究理论进行设计。

（4）调查实施。该部分分成两个阶段：一是小样本测试；二是大规模调研。小样本测试就是对测量量表进行效度和信度评估，并根据结果对量表进行必要性修正，为下一步大样本研究提供正式问卷。大规模调研是正式收集数据以验证理论模型的过程。

（5）数据分析。该部分包括利用多元回归模型对前文提出的各项假设进行检验。

（6）结果解释。该部分针对调查数据的分析结果进行解释说明，并讨论研究的局限性，最后展望下一步的研究方向。

第2章 国内外研究成果及文献评述

讨论社会网络对大学生创业警觉性的影响，需要涉及创业警觉性理论、创业学习理论、创业社会网络三个研究领域。基于此，本章一开始对所研究的重要概念和所应用的理论进行概述，然后对现有相关成果进行阐述和评论，就研究的关键问题进行深入辨析，为构建研究的理论框架奠定基础。

2.1 创业警觉性的相关研究

2.1.1 创业警觉性的概念

创业是通过对创业机会的识别、评价进而组织各种资源创造商业价值的过程，创业机会的识别决定着创业活动的价值创造潜力。Shane与Veknataramna对创业研究做出如下界定：创业研究的内容就是研究通过谁，如何发现、评价和利用研究创业机会，从而转化成未来的商品或者服务。因此，创业机会识别不可避免地成为近年来创业研究中一个热点问题。创业者发掘创业机会是产生创业意向的首要条件，国内外关于创业机会识别的大量研究表明：较高的创业警觉性能帮助创业者发掘和评估创业机会，所以提高创业警觉性必然成为创业管理的重要目标。

在创业初期创业者通过何种方式和手段发掘创业机会？机会的发现是无意的偶然行为还是刻意进行搜索的结果？这些都是探讨创业警觉性首先要关注的问题。随着创业者所处的经济、政治和文化环境的调整与变化，产品和服务的供求关系会发生变化，进而产生经济不均衡，创业者可以通过这种不均衡发掘创业机会实现创业。奥地利经济学派的主流学者认为个体不可能搜寻自己不知道是否存在的创业机会，但是个体往往通过识别偶然获得的新信息来发现创业机会。现代奥地利学派代表人物Kirzner基于企业家发现理论把创业警觉性定义为一种不进行搜寻就注意到此前一直被忽略的机会的能力，并认为创业警觉是一个关注但不搜寻的过程。1985年，Kirzner对创业警觉性的概念进行了修正，指出创业警觉性也是企业家积极构想未来的一种倾向。2009年，Kirzner再次指出创业警觉性就是感受到那些被忽视的，但是确实有效的创业机会的能力。纵观Kirzner对于创业警觉性的定义，可以发现创业警觉性一直被视为与创业机会识别以及发现创业机会等创业活动所不同的一个概念。创业警觉性是一个与环境信息搜索密切联系的内容，所以它更加被视为开启机会之窗的一种能力。在现实生活中，我们发现很多创业者有"众里寻他千百度，蓦然回首，那人就在灯火阑珊处"的创业机会识别经历，但是这种偶然的发现与创业者前期所积累大量信息和经验密切相关，更与创业者对信息和经验的思考和决策模式密切相关。网络支持、先验知识和特别兴趣与大学生的创业警觉性呈显著正相关。因此，作者认为创业警觉性的产生既需要创业者置身于大量新颖的"创业信息流"之中，也需要创业者具有特定的创业思维模式。

目前学术界在创业警觉性的概念界定上并不统一，创业警觉性的研究也并未受到较多的关注，这主要是因为它的概念较为模糊，并且在实证研究的测量方法上存在较多争议。概念模糊是由于创业警觉性与创业机会研究中的其他研究内容的边界不清晰，例如，创业警觉性是否应该包括评估和判断信息的过程。此外，在创业机会研究的本质上还存在机会是客观存在的还是被主观构建的争议，因此，只有很少数的研究是关注创业警觉性的形成过程。从创业警觉性概念的发展来看，大多数学者基于创业者所关注的创业机会的信息流特性以及创业者如何通过信息流发现机会这两个角度进一步深化了创业警觉性的基本内涵。一是认为创业者可以通过对信息的把握和感觉来感知创业机会；二是认为创业警觉性并不是刻意去搜寻某一个特定的机会，而是在信息流中遇到机会的概率。可以看出这两个定义延续了Kirzner的主要思想，即创业警觉性源于创业者对信息的关注，但并非"主动关注"，因此创业警觉性的形成具有较大的偶然性，创业者的先前知识结构成为影响创业警觉性的重要因素。

从认知心理学角度来看，机会发现是创业者有意识地系统搜集、解读和评价信息的过程，创业者卓越的信息处理能力能够提高机会发现的可能性。创业警觉性是对事物发展变化的规律和模式，对市场、顾客、需求等信息和资源的发现、整合有着特殊的敏感性，要发现任何机会首先要具有创业敏感性。创业警觉性作为创业者的一项重要特质，其对资源的敏感度是企业进行资源拼凑的重要因素之一。在创业警觉性形成过程需要创业者个体的主动积极作用，感知市场环境、识别关键因素、推测因素间的关系影响着创业警觉性的形成。对创业警觉性的概念进行了反思和重构的学者是Li，他在2004年将信息搜索模型和适应性学习理论有效结合，提出创业警觉性的四个维度——并行思考、抛弃以前的想法、不断探索、不断改进。创业警觉性有助于发现新机会是源于个体认知模式的影响，是一种认知能力。该能力有助于认识到一个情境与其他情境的相似之处，通过这种方式创业者可以预见未来应该采取何种创业行为。总结这一阶段关于创业警觉性的研究成果，可以看出学者们开始认识到通过学习获取新知、改善认知模式有助于创业警觉性的产生与发展。

通过对创业警觉性概念的回顾，可以发现不同的学者对创业警觉性研究的差异主要体现在以下两个方面：

第一，创业者在面对创业信息和资源的过程中是否扮演了主动性角色，即创业者发现创业机会的过程是"在高价值信息流中的偶然发现"还是"积极主动地发掘和探索"；

第二，创业警觉性的结果和过程表现。从结果来看创业警觉性最终体现为一种发现创业机会的能力，特别是和创业者的认知结构密切相关的创业能力；从形成过程而言，创业警觉性体现为关注、搜索、评价和整合信息的学习过程。不同的研究者或基于结果角度，或基于过程角度，对创业警觉性进行了不同的定义。

从最近的研究成果来看，研究者在创业警觉性的研究上把目光更多地放到创业者发挥主观能动性的角度，认为创业警觉性是创业者主动运用自身的知识与能力在信息流中产生"顿悟"的过程。因此，本研究对创业警觉性界定为创业者发挥主动性从创业信息流中捕捉有用的信息，感知创业机会的能力。

2.1.2　创业警觉性的学习性本质

创业学习是指对自然和社会的学习，学习的结果是产生想象与创新，奥地利学者Kirzner提出创业学习是创造性和发现性学习，学习的结果是提高机会警觉性。作者前期针对大学生的创业意愿进行了实证研究，结果显示"网络支持、先验知识能力和特别兴趣"显著影响了创业警觉性。知识、能力、兴趣均源于创业者的学习行为，所以创业学习与创业警觉性有着密切的联系，因此下文主要从创业学习角度探讨创业警觉性的学习本质。

从认知心理学角度来看，学习就是一个获取信息，并可能引起行为变化的过程。学习不仅是学习者根据个人目标搜寻、整理和评估有效的信息，个人也会通过知识的积累与既有经验的碰撞，对行为产生潜在的影响。将学习引入创业领域就产生了"创业学习"，创业学习贯穿产生最初的商业直觉到开发出成熟的新产品或新服务的整个过程，其目的就是产生新思想、产品和服务。由于研究视角和目的的不同，研究者针对创业学习研究的层面有所不同。创业学习可以分为个体学习和组织学习两大类型，个体学习主要关注创业者个人的学习方式与学习机制，组织学习则关注创业组织在创业活动中的学习机制。创业者个体层面的创业学习主要针对如何实施学习行为，以及对学习行为过程和影响进行研究。创业学习是创办企业所必需的，了解创业者如何发展创业和学习过程是研究创业活动的关键问题。当面临一个不确定的商业环境时，创业者能够比非创业者以更好的方式去发现、利用机会，这并不是因为创业者具有与众不同的个人特质，而是创业者能够采用更加有效的判断和决策模式。因此创业中的机会识别和资源整合活动更容易受到创业者个体所拥有的知识差异的影响，而不仅仅是个人特质的影响。从动态角度而言，处于不同生命周期的企业都需要进行学习，特别是成立新企业时更需要创业者通过学习获取信息、提高能力。对于处在孕育期和初创期的新企业而言，企业的组织结构并不完善，内部的学习机制尚未形成，此时主要依靠创业者的个体学习来扩展知识体系。本研究主要关注创业者如何通过个体创业学习形成创业警觉性的过程，因此把研究重点放在新企业孕育和创建阶段所进行的创业者个体及群体学习。

1. 从学习的吸收能力的概念上看，创业警觉性是创业学习的结果

创业学习通过知识的吸收提升创业能力，因此吸收能力是影响创业学习效果的重要因素，也成为影响创业警觉性的重要因素。吸收能力是20多年在组织学习和发展领域提出的一个关键词汇，吸收能力的构念一般认为是由Cohen和Levinthal于1989年在《创新与学习：研发两要素》一文所提出。其实早在他们之前就有学者在研究中使用了"吸收能力"的概念，但是由于在理论上没有给予严谨阐述，所以Cohen和Levinthal被视为"吸收能力"概念的提出者。他们对"吸收能力"概念的阐述为组织（个体）从外部环境中识别、消化、利用知识的能力。该文献把吸收能力界定为"一种学习过程"和"一种能力"。后来Cohen和Levinthal对吸收能力的概念进行了进一步的研究，指出：吸收能力是一种对知识的动态学习、消化和应用过程，知识沟通和共享对于组织吸收能力的产生显著重要"。Cohen和Levinthal进一步拓展了吸收能力的内涵，认为吸收能力还包括发现并预测未来技术发展的能力。虽然他们对于吸收能力的界定主要是关于组织（企业）的吸收能力，但是在他们的论述中也突出强调了个体吸收能力的重要性。Cohen和Levinthal关于吸收能力的经典文献告诉我们在企业孕育和成长初期，创业者对知识、信息的吸收能力会直接影响企业的生存与发展，知识的吸收主要体现在创业者通过外部环境进行识别、评价、消化和应用知识的过程，尤其是特别描述了吸收能力对创业机会识别的影响。根据前文对创业警觉性理论的回顾，可以进一步说明创业警觉性的产生就是创业学习的结果，创业警觉性是影响创业机会识别的重要因素，对创业者是否实施创业行为具有显著影响。同时创业警觉性表现为创业者对外界信息和资源的敏感程度，这种"敏感"的能力源于创业者能够有效地识别、评价、消化和应用知识。因此从学习理论中的知识吸收能力角度探索创业警觉性的形成具有良好的理论基础。

2. 从学习的吸收能力的维度上看，创业警觉性是创业学习的结果

Cohen和Levinthal不仅阐述了吸收能力的概念还对其进行了维度划分，将其分为识别、消化和应用能力三个维度，这种划分方式得到了后续研究者的支持，有的观点认为：吸收能力包括学习能力和问题解决能力，表现为模仿性学习和创新性学习；吸收能力包括识别、评价、理解和应用能力；整合能力在知识吸收众多活动中最为重要；吸收能力的实质就是了解、理解和应用知识的过程能力。

以上学者的研究在吸收能力的理论构建上与Cohen和Levinthal相一致，都是基于对信息和知识的处理过程讨论吸收能力的维度。Zahra和George使用"两部分四维度"划分吸收能力，提出了"潜在吸收能力"（获取、消化）和"实际吸收能力"（转化、利用）的基本结构，所谓潜在性吸收是指仅从外部获取、同化知识，实际性吸收是指将外部信息内化为组织或者个体的知识，这种划分方式得到较多研究者实证研究的认同。Lane在March等在之前学者研究的基础上提出了"漏斗"+"管道"学习模式，通过识别、消化和整合信息的过程，提出探索性学习、转化性学习与利用性学习的组合模式。可以看出在吸收能力的过程维度研究不断深入的过程中，识别、评价、消化（转化）、整合、利用等对信息的处理和加工过程受到研究者的一致认同，构成了创业者知识吸收的一般性活动。回忆创业警觉性的维度划分，特别是基于学习理论的Li建立的创业警觉性四维结构以及Tang等的三维结构，可以清晰地发现创业警觉性与吸收能力的维度划分具有明显的一致性。这说明创业警觉性的产生在本质上就是创业学习的结果，在形式上表现为通过识别、消化（理解、评价）、应用（整合）信息而不断吸收知识、提高能力的过程。

吸收能力是建立在组织间的社会性互动过程之上的，通过与合作伙伴发展起来的合作关系与过程得以实现。对于大学生创业者来说，在创业学习过程中要特别注重与外部环境的联系，也就是通过创业社会网络利用互动性的学习建立网络关系并获取高价值资源。Cohen和Levinthal提出：个体认知是企业吸收能力的基础，个体的既有知识、心智模式和创新方式等都是组织获得吸收能力的前提条件。因此创业者创业学习的结果可以体现在创业心智模式的构建上，即包括创业知识学习和创业信念的培养两个方面。通过对既有吸收能力的阐述，将创业者学习的吸收能力进行如下界定：所谓创业学习的吸收能力，就是指创业者通过识别与评价创业网络内外部有用知识和技能，在消化的基础上，重构自身知识体系并将其应用于实践活动的能力。在创业者识别和评估外部有用知识、信息后，经过自己的理解将外部信息消化成为自身特有的知识结构，这里的知识既包括对于某个概念的事实性知识，也包括处理某种问题的技能诀窍，甚至是创业者的人生观、价值观、思维模式和决策偏好。

2.1.3 创业警觉性形成的过程

通过对创业学习与创业警觉性的辨析可以发现创业学习是创业警觉性形成的重要过程，在创业学习的过程中既需要创业者搜索信息，也需要将信息内化并发展为自身的技能，同时还需要抛弃以前的想法，重构创业思维模式，持续地开展和改进学习。结合创业警觉性的学习本质，可以将创业警觉性的形成视为创业学习的必然结果，创业学习影响了创业者的心智模式，包括知识和信念两个层面。创业者通过在创业学习过程中获取、吸收知识，重构创业思维进行自主学习进而影响创业警觉性，因此下文从创业社会网络对创业知识传递、信念学习的影响这两个角度，进一步展开对创业警觉性的探讨。

1. 创业知识传递

社会网络为创业者提供了丰富的社会资本，创业者通过与外部的联系获取创业活动的关键资源。随着全球创业创新活动的蓬勃发展，在社会网络分析框架下进行创业研究备受关注。组织内知识转移研究从20世纪70年代就已经开始，其中野中郁次郎教授（Nonaka）提出的SECI模型具有代表性，他认为组织内部的知识转移和创造就是隐性知识和显性知识的交互转化过程，包括社会化、外化、整合和内化四个过程。其中社会化就是个体间隐性知识的共享，外化就是将个人隐性知识转化为群体显性知识，整合就是组织群体的显性知识共享，内化就是将显性知识内化为个人隐性知识。Nonaka认为知识创造的关键在于隐性、显性知识在不同组织层面上进行着转换，该过程表现为一种典型的螺旋式上升过程。个人及组织层面隐性知识和显性知识的传递和转化是知识创造的动力。人际网络是人们更偏好的信息获取渠道，社会网络是个体搜寻知识的主要平台，创业社会网络中的知识也可以体现为显性、隐性知识两种形式，但是由于呈现出不同的特征，两种类型知识的传播和转移所经历过程并不相同。因此下文从显性知识传递和隐性知识传递两个角度来讨论创业社会网络内的知识转移。

（1）创业显性知识转移。显性知识也称为明晰知识，具有较好的可表达性，易于用语言、书写、绘制等方式进行描述并被记录和传播。在现代化的网络和通信技术的影响下，数字化的显性知识可以通过机器和信息网络进行共享，传播者通过互联网络可以实现随时上传和分享，接受者可以通过查找、浏览、下载、学习等方式进行再学习。信息网络是显性知识转移的最主要方式。

（2）创业隐性知识转移。在创业社会网络中，共享的知识可以是创业者通过具体的活动和感知过程中积累的显性知识，但大多数学习的发生是基于直觉和"只可意会"的技巧，旨在获得难以用语言表达的隐性知识。社会网络对隐性知识转移的影响显著，组织内知识转移实践表明社会网络是隐性知识转移的主要通道。隐性知识具有明显的不可编码性，传统的语言、书写、信息网络无法承载隐性知识，也就无法承担转移媒介的角色。由于隐性知识隐藏在个体中，所以社会关系为隐性知识转移活动提供了基础网络，通过社会网络分析可以有效地阐述隐性知识传递的过程。隐性知识转移需要双方在社会网络中进行深度互动，在信任的基础上，通过一定强度的网络联系实现知识的转移和吸收。在隐性知识传递过程中，"干中学"和"师徒相传"是常见方式。

2.创业信念学习

创业者的创业活动嵌入在一定的社会历史和文化情境中，创业者的知识积累是在特定情境下形成的。创业者在学习过程中通过不断尝试、体验并产生直觉，社会学习理论告诉我们创业者不是被动地适应环境，而是在具体情境中通过创业实践以及与他人的交流和互动来改变自身的心智模式。社会互动发生在具有某些共同特征而联系在一起的人群之间，社会互动效应往往表现为同类型群体内部人们行为之间的模仿及相互影响。Manski将社会互动进一步分为内生互动、情境互动和交互效应，其中内生互动的特征是个体与同组其他成员之间的相互影响。情境互动强调个体与同组群体的外部特征之间的互动关系，即包括了群体共同的外部社会政策对个体行为的影响。创业学习不仅是创业者根据既有知识结构、工作经验重构知识体系的过程，而且也是创业者从社会网络中汲取新鲜的"知识营养"，通过共享和整合扩张原有知识体系而改善心智的过程。因此在创业学习的过程中不能仅仅关注创业者知识结构层面的改变，还应该关注创业者信念层面的改变。

信念潜藏于人们的内心深处，表现为某种观念和信仰，通常表现为人们对某种思想体系的合理性以及存在的价值进行肯定。信念是个体较高层次的认知，能够促使或约束信念持有者自身的思想及行为。信念直接影响个体在实际生活中所做出的最优选择，信念学习是在社会互动的过程中，理性的决策主体对其信念修正、学习的过程。信念学习不是主体自我封闭、自我修炼的过程，需要通过互动观察其他群体的各种行动策略修正个体信念的过程。因此在创业社会网络中，创业者通过社会互动进行信念学习，通过"塑造"行为和决策的偏好来影响创业警觉性。

2.1.4 创业警觉性对创业活动的影响

创业警觉性的概念自从被提出起，就主要被用来解释创业机会如何被发现。创业机会的获取介于以下两种状态之间：一是通过偶然机会获得；二是通过在市场进行系统搜寻，发现别人发现不了的信息，并实现创业。在公平的市场环境中，由于创业者认知上的差异，一些具有独特的想象力、异质性知识和警觉性的创业者会先人一步，敏锐地发现创业机会。在发现创业机会以后，通过开发机会、投入资源、创建企业、扩大生产等活动获取利润。所以创业机会是由企业家在追逐利润的过程中对机会的警觉和发现促使非均衡的市场逐渐趋向于均衡，因此创业警觉性是发现创业机会的先决条件。

国内外学者从理论和实证角度验证了创业警觉性与创业机会识别之间的关系。Ardichvili探索了企业家能力与创业机会识别能力之间的相互关系，并发现随着创业警觉性的提高，企业家发现和开发创业机会的成功概率就越高。张秀娥和王勃调查了180家吉林省中小企业创业者，通过实证研究检验了创业警觉性对创业机会识别的影响以及创造性思维的中介作用，研究结果表明，创业警觉性对创业机会识别和创造性思维均有正向影响，创造性思维在创业警觉性与创业机会识别关系中起部分中介作用，在创业警觉性与机会的营利性关系中起完全中介作用。王庆金基于创业活动活跃地区的154份小微企业样本的实证研究发现创业警觉性在创业环境影响创业绩效的过程中发挥中介作用。

学者们除了讨论创业警觉性对创业机会识别的影响外，在关注创业警觉性与其他创业活动之间的联系中，发现了三个特点：一是创业警觉性和环境信息会影响个人创业决策的模型，因此高创业警觉性会引发更多的创业行为；二是创业与其他变量同时对个体决策的影响作用，在个体决策时更依赖于主观判断；三是虽然文化背景和行业并不同，但是创业警觉性显著促进了技术创新的发生，在创业过程中起到不可忽视的作用。

2.2 创业社会网络的相关研究

社会网络给予创业者进行创业学习的土壤，所以创业者的社会网络通过创业学习影响创业警觉性，下文主要阐述创业社会网络的相关研究。

2.2.1 社会网络的相关研究

20世纪中后期，社会科学的研究更加注重系统化、联系化，社会网络分析方法因注重"关系与变化"的视角而产生。世界是由一个个独立的个体以及组织所构成，个体与个体之间不断作用的相互关系使这个巨大的系统有效地运转起来，这种相互关系既影响了个体的地位和决策，同时个体的行为也反作用于该关系。社会网络分析方法就是将系统中个体以及个体之间的联系表示成为网络结构的分析方法,然后基于这些独特的网络结构,阐述个体的行为以及该结构的作用。与其他方法不同,社会网络方法特别注重对于联系的分析与阐述。1988年Wellman提出了相对成熟的社会网络定义,他认为社会网络就是由个体间的社会关系构成的相对稳定的系统。社会网络范式把研究的重点放在个体间的关系及所嵌入网络的特征上,认为行动者在网络中的位置、网络的结构以及行动者所在的社会关系背景决定了行动者的行为,这是社会网络范式与传统研究范式最大的区别。社会网络分析方法的核心在于研究系统和结构的关系,在例如物理、政治、经济和社会系统的多门学科中得到了广泛应用。

2.2.2 创业社会网络的概念

社会网络分析方法有助于系统化地研究社会结构,因此被广泛应用于创业活动领域的研究。早期的创业研究集中于对创业者特质的分析,通过调查成功创业者的共同特质找到促进创业活动的依据。事实证明,虽然成功的创业者有很多独特之处,但是如果把创业特质作为创业者的"DNA",就忽视了创业者在创业活动中所发挥的主观能动性。后期的创业研究开始关注创业环境对创业者的影响作用。这种影响作用体现在两个层面:一是创业行为的产生与发展需要个体从外界源源不断地获取新颖的信息与知识。创业社会网络能够为创业活动提供必需资源,例如商业信息、经济资源、人力资本、订单等。很多国内外研究表明,创业社会网络与企业的创业绩效显著相关,企业内部社会网络会依次通过知识创造、知识转化和知识创新能力的链式传导作用积极影响创新绩效。二是由于创业者处在一定的社会群体之中,他的行为被深深地打上了"社会组织"的烙印。因此创业者如何获取信息、进行创业决策都与特定的创业网络密切相关,这种影响表现为创业社会网络通过对创业者个体产生社会互动所带来的影响。创业环境中文化传递的影响使创业者产生个体性差异,这个异质性直接影响创业者的创业行为。从以上两个方面来看,创业社会网络影响了创业者所获取的资源和思维模式,因此对创业者所处的社会群体进行分析就成为创业分析的一个重要分支。创业社会群体中最关键的是人与人之间的相互联系，采用传统分析方法无法阐述这种错综复杂的关系，社会网络分析便成为最佳分析工具。社会网络分析可以通过研究创业社会群体的网络结构特征来解释特定创业者的行为决策以及创业社会网络在创业活动中所发挥的功能。

将社会网络融入创业领域就形成了创业社会网络理论，按照网络主体进行区分，创业社会网络可以分为创业者的个人网络和创业组织间的网络。创业者的个人网络由与创业者发生联系的社会群体组成，包括比较亲密的家人、朋友、同事、熟人，也包括关系一般亲密，甚至不亲密的其他人群。徐风增发现创业导向通过影响警觉性水平，充分发挥了创业者的个体优势从而加速了企业的成长，即创业警觉性在创业导向和企业成长之间起到中介的作用。由于创业社会网络中的个人拥有的信息和资源不同，所处的群体地位以及与其联系的其他群体成员不同，就促使信息和资源在群体内部发生流动，形成一定的创业社会关系，构成了创业者社会网络的基本框架与结构。创业社会网络对创业具有重要影响，主要表现在：创业社会网络蕴含大量高价值的隐性资源，为企业决策提供支持和关键性的补充；创业社会网络成员间的情感支持也会有效促进新创企业良性成长。

2.2.3　创业社会网络对创业学习的影响

Choueke 和 Armstrong 通过问卷调查分析了在创业成长中对组织创业绩效的影响最为重要的学习方式。调查结果显示创业者的"过去经历"排在第一位（95%的人选择）；"从同事或同行身上学习"排第二位（61%的人选择）；"从书本上自学"排第三位（54%的人选择）。以上调查结果显示向其他个体学习是创业者创业学习的重要组成部分。知识是一个静态概念，但是知识的学习是一个社会化动态过程，该过程通过转化个体的知识和经验不断进行创新和创造。Polanyi 根据知识的属性将其分为显性、隐性两种类型。其中显性知识通常表现为易于进行描述的事实性知识，可以借助媒介传播。隐性知识是难以编码及沟通的经验性知识，只能通过观察、模仿及实践获得。由此，创业社会网络对创业者个体学习的影响由浅入深可以体现在以下三个方面：

一是创业社会网络中充满大量的新鲜的信息，是创业者获取显性知识的重要源泉；二是创业社会网络充满了和他人经验相关、难于表述的隐性知识，为创业者的深层次学习奠定基础；三是创业学习网中其他群体与创业者之间通过信念学习塑造行为偏好。

1.创业社会网络是创业者显性知识获取的重要来源

创业本身就是学习的过程，在创业网络演化的过程中，创业主体间依赖结构的变化影响着创业企业从实验式学习向获得式学习方式的动态转变。学习既是对新知识的掌握也是对既有知识的升华，因此创业者的学习首先需要从外部获取大量的新鲜知识和信息，获取的途径既包括公共传播途径，例如电子媒体、期刊、图书资料等，也包括和他人的交流。根据社会网络理论，创业社会网络中既包括来自家人以及较为亲密的朋友的强关系联结，也包括较为疏远的弱关系联结，社会网络提供了一种嵌入式的学习方式。创业学习表现为在创业过程中，由于强弱关系的影响，创业者受到他人的语言和行为影响的过程。个体可以通过身处的社会网络来获取所需的信息和资源。社会网络在知识管理领域的重要影响是强调了信息和知识可以通过网络成员间的共享实现。由于显性知识的传播特性，创业者可以通过创业网络利用多种途径和媒介获取显性知识，例如，创业者通过和他人面对面的交流，通过互联网、书信的方式与他人的交流等。从整个社会系统来看，创业者是创业社会网络中的一个具体节点，网络中其他群体和创业者之间由于存在知识势能差而不断产生知识流动，为创业者获取、整合创业信息、资源提供了低成本的学习机会。创业者可以从社会网络中吸收消化有价值的信息，并将它们融入自己的既有知识体系，从而深化对创业过程和决策的理解，促发有效的创业行为。

显性知识在社会网络中的转移受到网络因素的影响，表现在两个方面：一是在网络关系上，弱联结比强联结更有利于新信息的传播；二是在网络结构上，群体成员内部存在的局部结构洞会影响团队内知识转移能力，而不同团队间存在着的全局结构洞为组织获取新知识提供了可能性。但是对于创业者而言，除了通过认知学习了解到那些优秀的创业者"知道什么""说什么"，更重要的是他们在"做什么""想什么"。这样一些隐性的技能不能直接通过文字知识的学习获取，而是需要采用隐喻等手段在实践中潜移默化才能有效地获取。

2. 创业社会网络是创业者隐性知识获取的重要来源

在创业学习理论中经验学习最具有代表性，许多研究者都认为经验学习是创业学习的根本方式，应该受到创业者的重视。经验学习理论认为创业学习过程的基础是创业者所获取的经验，创业学习是创业者将创业经验转化为创业知识加以利用进而实现创业目标的过程。经验学习理论的代表性学者Kolb认为学习过程包括从具体经验到反思观察，经过概念化和积极的实验，再次获得经验，并由此形成持续上升的学习螺旋。经验学习理论中所涉及的经验既包括个体既有经验也包括外部他人可借鉴的经验，他人经验是个体学习过程中的关键要素。Holcomb认为单纯的直接经验学习容易导致知识累积的路径依赖，而间接经验学习是直接经验的一种重要补充。因此创业社会网络为创业者的经验学习提供了不可替代的知识与经验来源。大学生创业者拥有的专业性知识、技能并不相同，这为隐性知识在创业网络中的转移提供了独特的机会，与创业网络中的其他个体进行交流不仅可以促进成员间的信息交换，而且更能触发成员之间经验的共享。信息交换有助于个体获取更多的显性知识，同时在交往过程中通过观察和模仿发掘深层次的隐性要素，通过整合与创造萌发更具有创新性的观点。因此创业社会网络的学习不仅表现为通过网络收获一些可感知的、事实性的显性知识，而且可以表现为更高层次的学习，即对不宜编码和度量的隐性知识的掌握。

在创业研究中，创业者对他人的隐性知识的学习效果受到社会网络的影响。在网络强度上，强联结有利于隐性知识的转移；在社会资本上，较高的网络社会资本水平有利于成员建立平等互惠的协作关系，形成稳定的知识转移通道，降低隐性知识转移成本；在网络结构上，社会关系网络的密度和交流频率会影响关键的隐性知识在创业者和其他个体之间的传递。在网络治理机制上，网络中的信任机制是促使知识成功转移和共享的决定性因素。综上所述，创业社会网络是创业者获取隐性知识的重要源泉。

3. 创业社会网络可以塑造创业者的创业偏好

学习的过程不仅是对知识和信息的重构，而且也会对创业者的心理机制等因素产生影响。通过学习,创业者在实践中修正既有的信念和假设,通过反思和总结建立起一种更加合理和成熟的创业信念。彼得·圣吉在《第五项修炼》中谈道:心智模式不仅决定我们如何认知世界,而且也影响我们的行动。能够反映创业者心智模式的创业信念是影响创业行为的重要因素。

创业者创业信念是先天因素和后天因素共同作用的结果。在代际、同代人的社会互动研究上,Bisin和Verdier通过研究孩子的偏好对此进行了阐述,他们认为孩子的偏好是通过调整和模仿的过程获得的。这个过程中两个环境因素影响了孩子的行为,它们分别是父母的行动和社会的文化、环境。具体影响过程表现为父母根据自身的偏好调整孩子的行为;父母同代的其他人(比如老师、长辈)的倾斜传递。对于大学生创业者而言,创业社会网络包括了家人、朋友、同学等与创业者有着密切联系的群体,这些群体中的个人的世界观、价值观以及认知方法在与创业者互动的过程中影响了创业者,因此创业者在成长、学习的过程中,被深深地打上了"社会群体"的烙印。这个影响过程不是简单的知识、技能传递,而是在长期、亲密的联系中发生的潜移默化的影响,这种影响过程可以通过群体内部的"社会互动"得以实现。除了环境影响之外,创业者的实践和学习是获得知识的主要途径,通过既有知识经验与外部环境信息的碰撞有利于创业者引发新的心智模式。心智模式对于创业学习的作用体现在它不仅能筛选信息,而且还能够在企业家原有知识经验的基础上对所拥有的信息进行进一步分析和诠释,从而产生有效的管理决策方案,因此创业社会网络对创业信念存在显著影响。

2.3 文献评述

2.3.1 以往研究的主要结论

1. 创业警觉性是影响创业机会识别的重要因素

在以往的研究中,研究者们充分讨论了创业警觉性对创业机会发现、创业行为、技术创新、创业承诺等因变量的影响关系。国内外学者在创业警觉性对创业机会识别方面的研究已经比较成熟，特别是在实证方面获得了较为典型的研究成果，使创业警觉性成为创业活动研究中的一项重要内容。创业警觉性的研究历程经历了三个重要的发展阶段：第一阶段，认为创业警觉性体现了创业者对信息及机会的感知能力，但是定义非常模糊；第二阶段，开始尝试对创业警觉性的维度进行划分，重在考察创业者如何搜索并发现机会；第三阶段，将创业者对信息的搜索和学习理论结合起来，对创业警觉性的定义进行"反思和重构"。"并行思考、抛弃以前的想法、不断探索、不断改进"四个维度能够较好地阐述创业警觉性的形成和发展过程。因此创业警觉性研究是大学生创业研究领域的重要问题。

2. 创业警觉性的形成是创业学习的结果

现有研究大多只关注创业警觉性的概念和内涵，以及警觉性对创业机会识别的影响性，而较少考察哪些因素会影响创业警觉性以及影响的机理与过程等问题。Kirzner在1973年提出创业学习是创造性和发现性学习，学习的结果是提高机会警觉性。Kizne在1979年又深入讨论了创业警觉性的差异来自个体基于自身知识存量和信息的差异。因此创业学习成为创业警觉性形成过程中一个非常重要的影响因素。通过创业学习，创业者收获了更多的显性知识、隐性知识，并塑造了个体的创业信念。在创业警觉性的产生过程中，既需要创业者与外部大量新颖信息的密切接触，也需要创业者能够从信息流中筛选、评价有价值的信息，而创业信念不仅有利于创业者筛选信息，而且还能够在原有知识经验的基础上产生有效的决策方案。因此创业者通过社会网络进行的学习成为创业警觉性形成研究的重要内容，创业者可以通过创业社会网络获取新的知识和信息，扩展个人的知识体系，也可以通过创业网络塑造个体的创业偏好。

3. 创业者学习的研究中要重视社会互动作用

在企业初创时期创业者的个体学习的研究上已经取得很大的进展，表现在四个方面：一是将创业学习视为创业研究的一个重要内容，认为创业活动中无时无处不贯穿学习行为；二是对创业学习进行多层面的研究，不仅讨论了创业学习对其他创业活动的影响机制，更讨论了创业学习的过程，为提升创业学习活动奠定基础；三是针对创业学习的过程研究以认知学习模式为基础，融合了社会学、经济学等学科，多角度展示了创业学习的形成机制；四是基于社会互动理论对创业学习的影响，可以将家庭关系、朋友关系、合作关系等社会关系融入创业学习系统，认为创业学习不是一个人的事情，而是由个体以及身处的社会网络所形成的综合复杂系统，为将社会网络融入创业学习的理论研究奠定基础。

4. 社会网络对创业者创业学习产生影响

对大学生创业者而言，创业社会网络对创业学习的影响主要体现在创业者能否通过知识流动获取有用的信息以及其他群体对创业者思考方式、行为偏好的影响。"知识吸收能力"可以衡量创业者从创业网络中对知识的吸收、理解能力。在"吸收能力"研究领域，研究者们都认同学习是创业者通过外部环境中识别、评价、消化和应用知识的过程。在社会网络中吸收易于编码的显性知识，扩充了创业者的认知结构，使创业者了解到和创业相关的更多的知识体系；通过在社会网络中的观察和模仿，创业者可以发掘隐藏在其他行为下深层次的隐性知识，通过整合创造出更多创新观点；通过社会网络中的社会互动，塑造创业者行为与决策偏好。因此综合来看，创业者可以从社会网络中吸收消化有价值的信息，并将它们融入自己的既有知识体系，从而深化对创业过程和决策的理解，促发有效的创业行为。

2.3.2 有待进一步研究的问题

在整理和回顾相关研究文献的基础上，作者认为针对大学生创业学习和创业警觉性的研究还可以在以下几个方面进一步深化：

1. 创业警觉性如何通过创业学习而产生

创业警觉性是一个具有高度的主观性及内隐性的概念，因此在分析创业警觉性的形成机制时，一定要抓住创业者自身因素的影响，即从创业者角度出发进行微观分析。创业警觉性是创业学习的成果，在研究创业警觉性形成时要突出创业者知识、信息存量和学习能力对创业警觉性的影响。通过社会网络获取的事实性知识可以增加创业者的知识存量，技能性知识可以提高创业者处理各种创业问题的技能，个体创业信念直接影响创业者的价值观、思维方式等创业偏好。为了能够从不同层面分析创业警觉性的形成，有必要深入研究以下问题：事实性知识的学习如何影响创业警觉性？技能性知识的学习如何影响创业警觉性？个体创业偏好如何影响创业警觉性？创业学习体系如何影响创业警觉性？

2. 创业社会网络与创业学习的关系

创业者可以通过既有经验、模仿他人和实践活动三方面进行创业学习，实际上很多创业者的创业知识都是从他人处获得的。从整个社会系统来看，创业者与创业活动中联系的群体构成了创业社会网络，该网络为创业者的创业学习提供了信息和资源基础。作为网络中的一个节点，创业者积极地搜索、获取有效信息，并将它们整合为新的知识体系成为创业学习的重要体现形式。通过社会网络，创业者可以获取显性的事实性知识、隐性的技能性知识，并塑造个体创业偏好。事实性知识主要通过网络中知识传递实现，而技能性知识和创业信念的形成需要通过网络中的社会互动实现。这是创业学习社会性的体现，但是只有极少数的文献探索了创业学习的社会性。倪宁、王重鸣指出"创业活动必然是一个社会活动……不论强调机会的创业研究学派还是重视资源研究的学派都不能忽视创业活动的社会性。"基于对创业学习的社会性，从社会互动角度探索创业学习形成的机制就成为创业学习研究中的新鲜内容。为了能够充分了解社会网络与创业学习的关系，有必要深入研究以下问题：创业社会网络特征变量如何影响事实性知识的学习？创业社会网络特征变量如何通过社会互动影响技能性知识的学习？创业社会网络特征变量如何通过社会互动塑造创业者的创业信念？影响大学生创业学习的创业学习网络如何构成？为了促进创业学习，如何优化创业者的学习网？

3. 创业制度及氛围在创业社会网络影响创业警觉性过程中所发挥的作用

学习不仅仅是创业者个体的事情，外部环境的发展和变化也会对学习产生影响。因此在分析创业警觉性的形成机制时，也不可忽视制度对它的影响。社会互动理论说明个体的行为和决策会直接受到来自其他人以及社会制度的影响，体现为对创业者行为决策偏好的影响作用。在实际创业过程中，创业者的创业信念、自我效能感、创业警觉性等看起来属于个体创业特质的因素常常受到来自家庭、朋友、社会群体的影响。通过前期调查发现，如果拟创业者的家庭成员（包括朋友）有过成功创业的经历，那么他们创业的意向会更强烈。不同省份的大学生创业者的创业行为有所差异，例如在浙江省的各大高校中，由于地区创业文化非常浓厚，所以大学生的创业活动与其他地区相比就显得十分活跃。这说明社会制度会影响大学生创业者的创业行为，并有可能影响创业警觉性。为了能够充分阐述社会网络对创业警觉性的影响，有必要在此过程中融入对创业制度影响力的分析，形成宏微观综合模型。因此这些问题有待深入研究：影响大学生的创业制度的维度构成是什么？不同维度的制度因素在创业学习对创业警觉性的影响过程中发挥什么作用？如何改善我国大学生创业制度？

2.4 本章小结

本章在回顾创业警觉性理论、创业学习理论和创业社会网络理论等与本研究密切相关理论的基础上，对创业警觉性和创业学习的吸收能力的概念和维度进行了分析和界定，讨论了创业社会网络对创业活动的影响，为随后的分析构建理论基础。

通过研读文献发现现有研究成果对创业警觉性的形成机制探讨不够深入，特别是从学习角度来认识创业警觉性的研究更少。作为创业机会识别能力的重要体现，创业警觉性是创业学习的必然结果，学习效率的高低直接影响创业警觉性的高低，而创业学习建立在社会网络成员互动的基础上，所以创业社会网络是创业警觉性形成的重要影响因素。基于此，为全面分析创业者如何通过社会网络进行创业学习进而产生创业警觉性的机制，本研究随后的章节将在分析创业学习过程模型的基础上，从创业社会网络的特征出发，讨论社会网络中影响创业学习的因素，分析创业学习对创业警觉性的影响。

第3章 创业社会网络对创业行为的影响分析

第2章主要回顾了创业警觉性、创业学习和创业社会网络的相关理论。本章在此基础上针对创业学习模型以及创业社会网络影响创业行为的过程展开讨论，为后续开展创业社会网络对创业学习的影响机制奠定基础。因此本章的主要内容如下：第一，分析创业者、创业团队个体学习和群体学习组成的创业学习过程模型；第二，开展问卷调查，使用定量分析方法讨论了创业社会网络对创业认知的影响；第三，开展问卷调查，使用定量分析方法讨论创业社会网络对创业意愿的影响。通过明确创业学习对创业行为的影响作用，为后续开展创业社会网络通过创业学习影响创业警觉性的研究明确方向。

3.1 基于创业社会网络的创业学习分析

在经济发展和社会需求的大背景下，创业成为社会热点问题。国家和各级政府出台了许多优惠政策，给予大学生创业特别的关注和支持，涉及融资、税收、创业培训、创业指导等诸多方面。但是我们也发现大学生创业缺乏创新性，同时创业的成功率也不高。麦可思研究院调查显示：大学生创业主要集中在小学和中学教育行业、互联网运营和网络搜索门户业、服装零售业和建筑装修业。由此可见，在大学生创业活动不断高涨的同时，还迫切地需要对大学生创业本身进行理论探讨和活动指导。

3.1.1 创业过程模型综述

关于创业领域的研究自从20世纪50年代以来就从未停止过，从20世纪80年代以来，社会创业领域就出现了百花齐放的情景。创业过程研究是创业研究中一个重要的组成部分，通过分析创业阶段、发掘创业影响因素，可以掌握创业活动的规律。徐示波通过扎根理论分析构建科学家创业过程模型，他认为科学家创业组织生成涉及四个核心环节：机会识别与获取、创新活动、公司治理、市场开拓。纵观这些分析思想，每一个社会创业过程模型都是研究者站在某一特定视角上对创业研究的阐述。综合来看，这些主流的创业过程模型主要包含两种基本的分析角度：一是基于对创业过程所涵盖的活动分析的创业过程模型；二是基于创业成功影响因素分析的创业模型。

1. 基于行为分析的典型创业过程模型

第一，基于企业生命周期的简单线性过程模型。企业生命周期是指企业成长到衰老的过程，用以说明企业成长的阶段性、动态性。国外有许多学者对企业成长的动力和成长周期都进行了不同角度的研究。他们对企业生命周期数目划分不太一致，有的学者把生命周期确定为三阶段，有的学者提出了四阶段模型、五阶段模型、七阶段模型、十阶段模型。虽然不同的研究者对创业生命周期划分阶段数目不同，但这些阶段有一些共性：即连续性和逐级进行，涉及组织活动、结构等广泛内容。

基于企业生命周期的创业过程模型重在从管理角度分析新企业的发展阶段，将创业过程视为流程式的企业发展过程，它为以后的创业过程研究提供了一个范式，但是该模型忽视了创业过程可能存在的循环和往复性，无法揭示创业各阶段之间的复杂联系和创业活动之间的相互影响。

第二，基于创业本质的动态调整过程模型。与企业生命周期模型不同，Timmons创业模型不再局限于线性的企业组织发展过程，该模型被视为创业过程模型走向动态调整的一个标志。Timmons认为创业过程是三个核心要素（机会、资源、团队）围绕组织目标不断相互作用，从而进行动态反复调整的过程。Timmons模型最突出的特点在于抛开传统的创业阶段的划分思想，直接探索创业活动的本质——创业驱动力，并且将机会、资源、团队这三种创业驱动力的相互影响所产生的复杂非线性作用视为创业活动的自我调整和适应，具有系统分析的研究模式，但是该模型过于简单化，仅研究了创业活动的驱动力而忽视了创业过程影响因素的复杂性和多变性，难以全面地解释创业活动。

2.基于影响因素分析的典型创业过程模型

第一，Noboa的创业意向形成模型。创业活动的本质就是一项复杂的管理活动，创业是否能够成功受到许多因素的共同影响。Noboa认为创业意向在创业过程中扮演着非常重要的角色，因而抛开其他因素对创业活动的影响，仅从创业意向角度深入分析了创业活动的一般过程。在这个模型中，创业行为意向是个人认知愿望和认知可行性的共同影响的结果。同时情感和道德因素对个人的认知愿望产生影响，自我认识和社会支持对认知的可行性产生影响。基于此，Noboa提出了影响创业活动的四个基本因素：情感、道德、自我认识和社会支持。

第二，Lerner的创业过程影响因素模型。与Noboa相比，Lerner的研究更加宽泛，他把创业过程的影响因素分为创业者个人、组织、环境和流程四个方面，并且根据以色列33个社会企业的创业过程，通过探索性分析，确定了8个影响创业活动的基本变量，按照它们对组织的影响力度由大到小排列，依次为创业者的社会网络、奉献精神、资本积累、是否接受创业理念、创业团队、与公共和非营利部门的关系、服务的能力和管理经验。

基于创业影响因素研究的学者都意识到创业过程是一个受多方面因素影响的复杂过程，并且在研究中从个人、社会、组织等众多角度分析了影响因素与创业过程的关系。但是不可否认的是这些研究都没有将这些影响因素放进整个创业过程来探讨，只看到某个因素对特定创业阶段的影响作用，而忽视了该影响因素对其他创业阶段的影响以及因素之间的相互作用，因此也无法全面解释创业全过程活动。

综上所述，既有的创业过程模型从创业发展的不同阶段和影响创业的因素两大视角进行构建。基于创业发展阶段的模型在一定程度上解释了创业活动的构成以及相互之间的逻辑关系，由简单模型研究逐渐转向复杂多变的非线性模型研究。基于影响因素分析的创业过程模型从个人因素、社会因素、环境因素等多方面探讨了影响因素和创业活动之间的因果关系。纵观各种创业过程模型，作者认为还存在以下两方面的不足：一是创业过程的复杂性研究在国内数量较少，特别是适用大学生创业过程研究还是空白。虽然大学生创业活动和社会创业具有一些相似性，但是两者之间的区别不容忽视，因此为了能够对大学生创业提供有针对性的指导，有必要将社会创业过程模型进行调整和修改；二是基于创业发展阶段的研究和基于创业影响因素的研究必须有效结合，仅仅从某一个方面构建模型都缺乏对创业过程整体性的把握。

综上所述，为了能够有效建构大学生创业过程模型，必须首先处理好以下三方面问题：一是分析大学生创业过程与一般创业过程的区别；二是将复杂系统分析方法继续深入大学生创业过程的研究；三是将影响因素分析和创业过程分析进行结合。

3.1.2 基于复杂适应性的大学生创业模型

复杂适应系统（Complex Adaptive System，简称CAS），是指由大量的按照一定规则和模式进行的非线性相互作用的行为主体所组成的复杂动态系统。CAS系统的核心思想是"适应性造就复杂性"，在CAS系统中，主体通过学习和成长产生适应性并在系统中生存和发展，主体和环境之间具有复杂交互关系，即主体可以通过反馈进行学习和调整。

1. 大学生创业过程具有复杂适应性特征

个体的学习和反馈是系统演化的主要动力，大学生创业主体和创业内外环境之间存在信息交换，主体的适应性直接决定了创业过程的有效性。大学生一个明显特点是学习能力强，能够从环境中快速地吸收知识和信息，因此创业主体具备了学习的动力和能力。除此以外，在大学生创业过程中，创业主体和创业团队还可以从市场环境中获取创业的经验和教训，形成创业认知。如果在这个过程中不能完成调整和适应，就会影响创业活动的进一步开展。政府的资金、税收和文化支持等为大学生提供了一些独特的优势，但是随着创业活动逐渐走向成熟，这些优势的影响将逐渐消退。大学生的创业活动必然要和其他创业主体的创业活动公平竞争，所以社会支持系统只能对大学生创业产生助推力量，但不是创业活动永远的保护者。当大学生创办的企业进入市场环境，企业的发展必须依靠创业主体的学习和适应能力，通过将知识、技术、管理运作经验与企业实际情况相结合才能保证创业过程的持续和发展。

2.基于复杂适应性的大学生创业过程建模

根据以上分析，本研究在Timmons创业模型的基础上，通过分析大学生创业过程的本质，融合了大学生创业的特殊性和系统分析思想，构建了大学生创业过程模型，如图3-1所示。该模型的特点在于：

（1）在创业过程本质的探讨上，融入了大学生创业影响因素分析，包括大学生的个人特质、高校系统和社会系统因素3个方面。

（2）在系统运行过程中，阐述了创业主体如何通过反馈进行学习和调整，从而进行创业个体学习和群体学习，这使大学生创业系统具备了复杂适应性的特征。

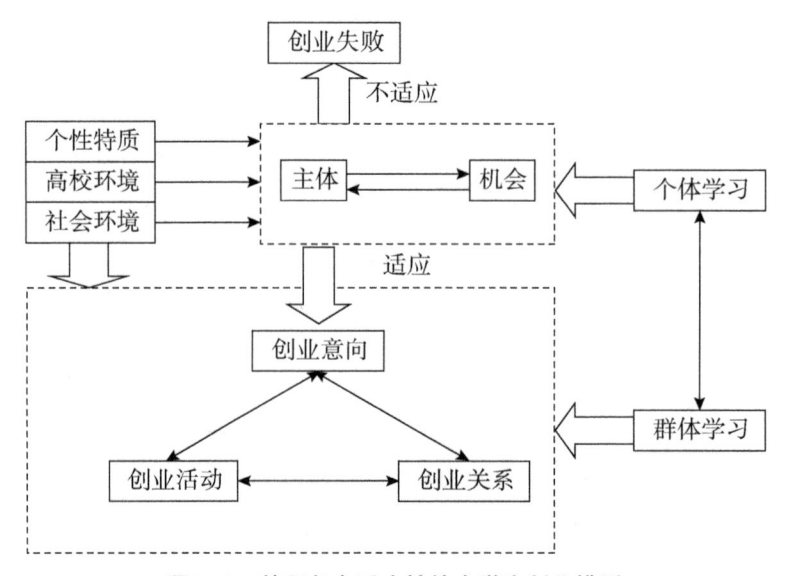

图3-1 基于复杂适应性的大学生创业模型

3.1.3 基于双循环的大学生创业学习过程

1. 大学生创业过程的影响因素

大学生创业影响因素主要体现在对创业意向的影响上。创业者的自我效能、资源整合能力、先验知识和团队建设能力与创业意向显著正相关。特别是在创业意向方面，大量的研究显示创业机会的识别与开发与创业者的个性特征密切相关，所以不同特质的创业者对外部信息进行的学习和反馈不同，从而直接影响对创业认知的不同，使创业活动呈现千差万别的形式。对于大学生而言，获取先前知识的主要途径就是所接受的教育，特别是大学教育。由于各个高校建立的创业教育体系不同，所提供的创业知识有所差异，大学生在学习过程中获得的创业经验就有所差异，这会直接影响大学生的创业意向。各个城市为大学生提供的创业政策和资金支持不同，直接影响了创业者对于项目实施方式、成功可能性的判断，从而使创业者的认知产生差异。基于以上分析，本研究认为创业者个性特质、高校环境和社会环境构成了影响大学生创业过程的根本要素。

2. 大学生的个体创业学习

创业的学习过程是一种对创业结果中所犯的错误进行反思和学习的过程。大学生的个体创业学习过程是在对于创业机会和可行性的反复认知过程中完成的。创业意愿反映了创业者是否愿意投入创业活动的心理状态。认知可行性反映了创业者对于内外部环境及机会的综合评估。创业机会的识别和创业项目的认识是基于具有创业意愿而形成的行为结果。创业意愿和认知可行性不仅直接影响了创业行为，更是在相互的变化中进行调整和适应。具有较高创业意愿的创业者，对于创业资源的选择、创业机会的判断，以及愿意承担风险的态度都要强烈于较低意愿的创业者；反之，如果创业可行性较大，也会直接刺激创业者的创业意愿，从而产生创业行为。创业学习呈现出反馈式过程，创业过程的个体就在创业意愿和认知可行性的交互影响中不断推进。

大学生创业是一个学习过程，学习作为最关键的组成部分构成了创业活动体系。纵然关于创业学习（entreneurial learning）的定义目前尚未统一，但是可以看出在创业学习的个体学习层面，源于个人、高校和社会的众多因素不仅影响了大学生的创业意愿和对机会的认知，而且促进了这两者之间的相互作用，从而使大学生的创业学习在个体层面展开。创业经验主要从高校环境获得，例如各种创业大赛和计算机模拟经营竞赛，或者各种创业实践活动。因此为了提高大学生创业的有效性，必须重视高校对大学生创业经验积累的正向作用。

3.大学生的群体创业学习

组织学习包括个体、群体、组织三个层面。在大学生创业过程系统中，作为创业过程的关键——创业学习也不仅仅局限于个人层面。创业群体中的每一个人在进行了个体创业学习后，还要在群体环境中进行创业群体学习。目前关于创业学习的研究主要集中在微观层面，即个体在创业过程中的学习行为，而在中观层面，即组织层面的群体学习研究有待继续进行。作者拟从创业活动的本质出发来探讨群体创业学习。

大学生的群体创业学习表现在通过建立一个具有学习功能的创业网络系统并相互学习。每个创业个体进入创业系统首先要进行个体学习，个体学习的有效结果是形成了个体的创业认知，形成了创业意向。创业关系是指创业过程中，影响创业活动内外部环境的主要关系，包括创业个体和创业同伴、供应商、客户、政府、高校等组织的关系。在创业网络系统中，创业主体通过进行内外部关系的管理，并在创业关系的相互影响过程中选择适合的创业活动。这些创业活动涉及创业管理的各个领域，包括计划、组织、领导和控制四项职能。通过相互学习，创业个体不断提高自己发掘创业机会、认知创业项目的能力。大学生是一类学习能力强的创业群体。在创业过程中面对创业内外部环境的变化，创业个体在日常的工作和活动中不断学习，并根据环境的变化进行适时调整以满足企业发展需求。同时随着活动的进行，创业个体可以进一步获得创业经验，提高知识和技能的积累。这一动态循环过程意味着创业过程不是直线式的发展过程，而是通过创业学习不断进行反馈和修正并围绕创业目标渐进式发展的过程。基于创业过程本质的创业群体学习就表现为创业意向、创业关系和创业活动相互影响的螺旋式上升过程。

3.1.4 主要结论

大学生创业过程模型是创业过程理论在大学生校园创业领域的应用和发展。大学生创业效率取决于创业过程的管理，因此创建一个适用高校创业的过程模型是提高大学生创业有效性的重要基础。首先总结了现有创业过程研究模型存在的问题如下：

（1）创业研究的成果主要集中在社会创业领域，没有突出大学生创业的特点；

（2）大学生创业过程模型有待向复杂系统模型发展。

面对以上两个问题，基于复杂适应性系统的基本特征，将学习过程视为大学生创业过程的关键环节，从大学生个体学习和群体学习两个层面构建了大学生创业过程的复杂适应性模型，并将创业中的学习理念进一步延伸，说明了通过创建学习型组织可以提高创业的有效性。

3.2 创业认知的影响因素分析

为了引导在校大学生开展创业活动，全国各地的地方政府及教育厅相继出台允许全日制在校大学生休学创业的意见，这将大学生创业推向一个新的高潮。目前，关于大学生创业认知的研究比较常见，因此本节以大学生休学创业认知为研究对象，主要围绕在校大学生休学创业行为，对影响大学生休学认知的因素开展调查和研究。但是纵观十几年来各类大学生休学创业的起伏与成败，越来越多的人认识到创业冲动不能带来经济效益，创业意愿必须以理性的创业认知为指导，围绕休学创业的诸多质疑和思考使创业认知成为指导大学生休学创业的首要工作。

3.2.1 创业认知的影响因素模型假设

1. 创业认知的内涵

创业本质就是一项复杂的管理活动，创业是否能够成功受到诸多因素的影响，而创业认知在创业过程中扮演着非常重要的角色。随着基于认知视角的创业研究不断深入，创业认知对创业活动的积极作用受到人们的普遍关注，因此研究者越来越重视研究创业认知是如何产生并受到影响。创业认知是进行机会评价、开创企业、运营企业时进行评估和决策所使用的知识结构。创业认知是创业者把个体所具备的价值观、知识、技能充分运用于机会识别和开发之中，从而形成极具个性化的认知模式，表现在创业者所感受到创业风险以及在创业过程中体现出的自我效能感。目前国内外关于创业认知的研究主要是从内外部因素两个方面分别进行。先前知识是个体的工作经验、经历的事件、教育背景和社会网络等的结合，不同个体间的知识结构存在差异，会影响认知能力。在创业认知的形成过程中，内外部因素的影响相互交织，交错进行。因此本研究拟在前人研究的基础上，引入个体、高校和社会三个层面的因素探讨大学生休学创业认知的形成过程，并有针对性地提出改善创业认知的政策和激励措施。此外，现有的大学生创业研究主要针对"已经毕业的大学生"进行，随着"休学创业"正式提到大学生创业改革之中，有必要分析"休学创业"和"毕业创业"之间的差异，对影响大学生休学创业认知的因素进行进一步探索。

2. 休学创业认知的影响因素

（1）个体因素。大学生休学创业意愿会受到来自创业者自身因素的影响，大量研究显示创业机会识别、开发能力与创业者的个体因素密切相关，不同特质的创业者对外部信息进行学习和反馈的能力不同，从而直接影响创业认知，使创业活动呈现千差万别的形式。创业者所具备的知识和能力也是影响创业认知的重要因素，创业学习包括创业者个体学习和创业团队群体学习，个体学习是在创业机会和可行性的反复认知过程中完成的。何良兴认为创业自我效能感、认知偏差和认知模式都会影响创业认知能力。基于以上分析，本研究提出如下假设：

  H3.1：个体因素显著影响大学生休学创业认知

  （2）高校因素。对于大学生而言，获取创业先前知识的主要途径是接受专业教育，特别是大学的创业教育。由于各高校建立的创业教育体系以及所提供的创业知识结构不同，大学生在学习过程中积累的知识和能力就有所差异，从而影响创业认知。包佳妮认为社会网络和文化价值观本身是一种非正式制度，会产生规范作用和模仿作用，进而对创业认知产生影响。高辉通过实证分析发现创业制度环境会影响创业导向和创业绩效。由于本研究着重研究大学生"休学创业认知"，所以大学和休学相关的政策，例如休学时限、学分替换政策以及高校能够提供的创业资源均会影响大学生对于休学创业的偏好，因此提出以下假设：

  H3.2：高校因素显著影响大学生休学创业认知

  H3.3：高校因素显著影响个体因素。

  （3）社会因素。大学生经济基础薄弱、实践能力不足，因此与社会创业相比更加离不开环境与政策的扶持，特别是针对休学创业的大学生而言，不仅需要政府在硬件、软件等方面出台优惠和扶持政策，同时也需要社会文化对"休学创业"的理解和支持。钱华生通过实证研究发现，创业政策对高职学生创业意愿产生正向影响。创业者风险倾向和主动性个人特质对创业政策和高职学生的创业意愿之间的关系起部分中介作用。古晨通过五省市1000份调研数据实证分析发现，制度环境通过影响个体风险感知、机会评估最终作用于创业决策。社会对大学生休学创业的关注会促使高校完善创业教育机制和体系，从而影响创业认知。基于以上分析，本研究提出如下假设：

  H3.4：社会因素显著影响大学生休学创业认知

  H3.5：社会因素显著影响高校因素

  H3.6：社会因素显著影响个体因素

  基于以上分析，本研究提出影响大学生休学创业认知的基本模型，如图3-2所示：

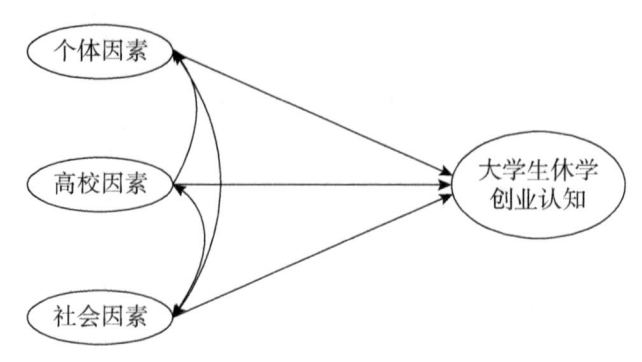

图3-2　大学生休学创业意愿影响因素模型

3.2.2　调查及统计分析

1. 初始题项的生成

调研问卷主体由两部分构成：第一部分是调查对象的基本情况描述；第二部分是调查对象对创业认知及影响因素的打分，问卷采用李克特（Likert）五分量表。为了使调研问卷具备较好的信度和效度，需要合理设计调查问卷中各个变量的题项。在借鉴国内外文献中较为成熟的量表和访谈基础上，对问卷中包含的变量以及变量的题项进行初步设计。

2. 问卷信度分析

为测试问卷的结构和题项的合理性，在正式调查前首先进行了预调研。预调研选择南京某本科高校学生为调查对象，获得有效样本62份。通过SPSS软件采用探索性因子分析方法，删除因子载荷较小的题项，使潜变量具有良好的结构效度。经过改善后，得到关于个人、高校、社会、创业认知共计11个主要成分，模型中个体因素、高校因素和社会因素的信度指标分别为0.735、0.738和0.799，主成分解释的总方差均在60%以上。

3. 样本选择

为使调研结果能够反映江苏省在校大学生休学创业的一般情况，在南京、常州、泰州等地选择了本科院校合计5所，采用纸质问卷和网络调研相结合的形式，共发放问卷423份，回收有效问卷362份，有效率达到85.6%，调研对象中，男性235人，女性127人；经济类127人，管理类130人，理工类105

人；大一学生89人，大二学生111人，大三学生92人，大四学生70人；东南地区289人，东北地区37人，西南地区16人，西北地区20人；，农村地区116人，乡镇135人，城市111人；没有创业经历的333人，有创业经历的29人。从总体来看，本次调查男性比例高于女性，来自东南地区的同学比例远高于其他地区，没有创业经历的学生占据绝大多数，这反映了当前江苏省在校大学生的基本情况。此外在高校、专业和年级以及成长地区性质上基本呈现均分状态，因此可以认为本次调研在人口统计特征的分布上是合理的。

3.2.3 主要结论

1.不同人口统计学变量的学生对休学创业认知的差异性研究

采用独立样本t检验和单因素方差F检验，对性别、专业、年级、成长地区、地区性质和创业经历进行差异性检验，得到以下结论：

第一，不同性别的学生存在显著差异。男性对高校创业教育和社会创业文化的感知得分明显高于女性，这说明传统的社会创业理念更加支持男性创业，从而影响不同性别大学生的休学创业认知。

第二，不同专业的学生存在显著差异。管理类学生对创业先验知识得分明显高于经济类和理工类，理工类学生对高校资源支持上的得分明显高于经济类和理工类。这说明管理类学生能够获得较多的创业教育，理工类学生能够更好地利用高校已有的技术和科研资源。

第三，不同年级的学生存在显著差异。大四学生已经系统学习了四年的专业课程，因此对高校创业教育的打分明显高于其他年级，大三和大四的部分学生经历了找工作和创业后，创业认知更加清晰，创业心态更加成熟，因此对高校创业政策、社会创业文化、社会项目支持的打分明显低于大一学生。

第四，不同成长地区的学生在创业认知各项因素的感受上不存在显著差异。

第五，不同地区性质的学生存在显著差异。生长在农村地区的学生对获取社会网络支持的得分明显低于生长在城市和城镇的学生。

第六，不同创业经历的学生存在显著差异。没有创业经历的学生对先验知识、创业认知的得分明显低于有创业经历的学生。

2. 各因素对创业认知的影响分析

采用AMOS17.0对预设模型进行拟合，结果表明该模型的拟合度较好。拟合指数χ^2/df为2.184，RMSEA为0.075，GFI为0.903，CFI为0.91，同时使用该软件验证各因素对大学生休学创业认知影响的显著性。通过分析得到以下结论：

第一，不同人口统计学变量的学生在休学创业认知及各影响因素上存在显著不同。这些变量包括性别、专业、年级、地区性质和创业经历。

第二，个体、高校和社会因素均显著影响了大学生休学创业认知，其中个体因素（0.63）对大学生休学创业认知的影响力是最大的，其次是社会因素（0.46），最后是高校因素（0.31）。个体因素中先验知识（0.72）和人格特质（0.66）的影响力较大，社会因素中对学生创业政策（0.87）和新公司政策（0.82）的影响力较大，高校因素中创业教育（0.74）和休学创业政策（0.71）影响力较大。

第三，社会因素显著影响高校因素，这表明社会对大学生休学创业的理解和支持有助于促进高校出台更加有效的创业教育和休学创业政策，提供有针对性的创业资源。

第四，高校因素、社会因素均对个体因素没有显著影响。这说明现代大学创业教育体系并没有真正改善大学生创业者的知识与技能，缺乏有效引导创业价值观的形成，不能合理地将大学技术和科研资源转化为学生的创业资源。

3.2.4 对策与建议

基于以上的研究结论提出以下建议：

第一，高校要重新梳理大学生创业管理体系，从创业教育、创业政策、创业资源三个方面入手，真正让大学成为创业及创新的摇篮。

在创业教育方面，要结合现代小微型企业发展的路径，开设符合大学生创业需求的创业课程，使学生能切实增加创业知识和提高创业能力，从而对创业认知产生积极正向的影响。具有先前创业经历的大学生具有更高的创业认知，因此在高校创业教育体系中，有必要突出大学生创业实践管理，通过给予实践机会、鼓励实践行为、帮助实践活动使学生具有理性的创业认知。高校创业教育也不能忽视对学生创业价值观的引导，内生的创业驱动力更加能促使有效创业行为的产生，合理的创业目标和理想能够帮助大学生树立积极的自我认知，从而影响创业行为。

在创业政策方面，休学创业特别需要得到高校学籍学分管理政策的支持。"休学"是一个大学生不愿触及的词汇，分析其原因主要集中在担心休学创业期间影响正常学习，不能在规定期限内拿到学位。因此高校休学创业政策的制定要考虑大学生休学创业的风险，特别是在延长学籍时限的规定、创业活动与学分替换制度、专业的转换和选择等多方面为大学生提供合理的政策保障。

在创业资源方面，虽然很多大学都提供了资金和硬件的支持，但是目前大学生创业集中在缺乏新技术的低端领域，这说明大学生还不能充分利用高校科研和技术资源进行创业。因此高校需要建立科技转移的长效机制帮助有创业想法的大学生与新项目进行匹配。

第二，研究显示在社会因素方面最重要的是政府对于学生创业的优惠政策和对于新公司的优惠政策，之后是项目支持和创业文化。随着社会对大学生创业的关注，各级地方政府相继出台了鼓励和扶持大学生创业的各项政策，纵观这些政策都要求大学生有好的创业项目，而这正是大学生创业的一个技术盲点。因此政府和高校需要给予大学生创业技术和项目更多的扶持，放宽各项优惠政策的技术门槛，才能真正为大学生休学创业创造更合适的平台。

3.3 创业意愿的影响因素分析

我国政府为适应经济转型的需要提出"稳增长"的基本方针，其中确保青年，特别是大学生的精准就业是稳增长的重要措施之一。推动青年创业有助于缓解就业压力，因此青年创业得到政府高度重视。为了释放青年在这股创业浪潮中的活力，近年来，我国各级政府和教育部门大力提倡并鼓励青年自主创业并提供相应的政策扶持，包括提供多种形式的创业培训和指导、优惠的创业贷款以及减免各种税费。青年群体中创业者的首要构成是大学生，调查显示大学生自主创业存活率明显提升，创业领域依旧集中于零售商业领域。然而随着创业政策的改善，选择创业的青年越来越多，但尚未达成促进经济发展和社会转型的重要目标，在青年创业热情稳步提升的同时还迫切需要对青年创业活动本身进行理论的探索和指导。

3.3.1 创业意愿的影响因素模型假设

从战略角度来看，创业领导力应该强调对环境和资源的管理、发觉和创新能力。无论是创业想法的萌芽、资源的整合、团队的建设，还是创业活动的实施、绩效的评价过程，都离不开创业领导力的影响。从领导学角度理解创业领导力，可以将其视为一种综合的个人能力，体现为创业者在创业活动中影响、指导组织成员共同达成创业目标的能力。基于对创业领导力的不同理解，其构成研究也呈现两种趋势。从战略管理角度来看，创业领导力包括识别创业机会、整合创业资源、构建创业团队的能力；从领导学角度来看，创业者领导力主要体现为创业者人格特质，例如自信、梦想、激情、执着、坚韧、创新等，表现为自我效能感、战略感知、梦想与激情、执着、坚韧等。创业是一个有计划的行为过程，创业者要成功完成创业任务需要具备一定的知识用以判断、分析并发掘潜在创业机会，做出战略决策，通过协调创业活动所需要的人、财、物、信息等资源达成创业目标。Timmons把机会、资源和创业团队视为创业成功最重要的驱动因素，因此本研究认为创业领导力涵盖创业战略制定、资源组织与团队构建三个层面，青年创业领导力包括创业管理过程中所需要的知识与能力，特别体现为创业者自我效能感、先验知识、资源整合能力和团队建设能力。

意向作为一种心理认知，反映了潜在创业者是否愿意从事创业活动的主观态度。大量研究显示创业者对外部信息的学习和反馈能力直接影响创业认知，使创业活动呈现千差万别的形式。TPB模型（计划行为模型）经常被用于研究创业意向,创业意向受到个人态度、主观规范和感知行为的控制力的影响,自我效能不仅影响了创业者对创业机会的认知,还影响了自我雇佣的意愿。个体因素是影响创业认知的关键因素,先验知识和人格特质的影响性最为显著。先验知识体现为创业者已经积累的创业相关知识以及创业者对某个领域的特别关注,张秀娥利用来自28个国家跨越2009—2013年的面板数据构建分层广义线性模型,发现创业自我效能感、制度环境对创业意愿产生交叉影响。资源整合能力反映了创业者对可以利用的内外部资源进行识别、配置和使用的能力,现有研究表明创业者资源的可获得性影响个体对创业的有效评估,进而影响青年创业意向。团队建设能力是创业能力的重要过程,无论是创业机会识别还是资源的整合都需要创业团队成员积极参与,合理的分工和高效的执行有助于完成创业任务。因此本研究假设青年创业者的创业自我效能感、先验知识、资源整合能力和团队建设能力均对创业意向产生正向影响。

创业想法必须通过创业意向才能实现,识别创业机会是产生创业意向的前提。创业者通过搜索创业信息、分析判断进而发掘创业机会。高创业警觉性的创业者对未来市场需求具有更多的感知能力,并利用现有资源对项目的可行性和营利性进行有效判断,因此本研究假设青年创业警觉性对创业意向产生正向影响。

创业者通过专注于敏感信息在市场环境异动中觉察到潜在商业机会,创业警觉性反映出创业者对市场机会持续关注的能力。创业警觉性是个人在长期的创业学习和活动中形成的思维模式,高创业效能感的人更愿意通过主动挖掘信息获取创业机会,并对创业风险有乐观而积极的认知。在创业构想的形成阶段,创业者需要进行创造性和发现性学习,通过搜寻创业信息、进行思考、改进创新来提高对创业机会的警觉性,互动的团队学习过程有助于思维碰撞以提高创业者对创业机会的敏感性。因此本研究假设青年创业者的创业自我效能感、先验知识、资源整合能力和团队建设能力均对创业警觉性产生正向影响。

基于上述分析,构建大学生个体因素、创业警觉性与创业意向的关系结构模型，如图3.3所示，并提出如下假设：

H3.7：青年的创业领导力各维度对创业意向具有显著正向影响

H3.8：青年的创业警觉性对创业意向具有显著正向影响

H3.9：青年的创业领导力各维度对创业警觉性具有显著正向影响

H3.10：创业警觉性在青年创业领导力对创业意向的影响中起中介作用

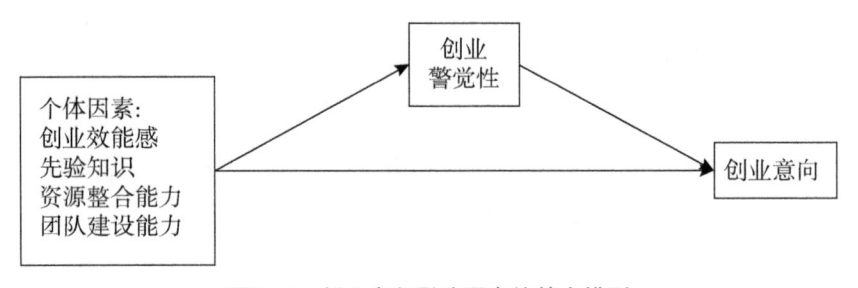

图3-3 创业意向影响因素的基本模型

3.3.2 调查及统计分析

1. 数据来源

本研究的调研对象对江苏省18—29岁的青年，采用纸质问卷和网络调研相结合的形式。本次调研经历小范围测试和正式调研两个阶段，首先在小范围内发放预调查问卷45份，并对问卷的信度和效度进行检验，然后发放问卷1065份，回收有效问卷863份，有效率达到81.03%，本次调查男性比例为62.34%，女性比例为37.66%。

2. 变量测量

根据研究模型和假设，测量了如下变量：

自变量是青年创业领导力，在阅读相关文献和调研访谈的基础上对创业领导力使用创业效能感、先验知识、资源整合能力、团队建设能力4个维度进行测量，共设计20个题项。因变量是创业意向，参考了为我国大多数研究者所认可的Chen等编制的创业意向的量表，使用5个题项进行测量："对创办新企业多感兴趣""对创办新企业的考虑程度""尽最大努力创办新企业的可能""创办新企业的准备程度""多久后将创办新企业"。中介变量是创业警觉性，参考了 Li 结合信息搜索模型和适应性学习理论提出的创业警觉性 4 个维度，使用 4 个题项进行测量："我喜欢对相同的事物用不同的方法进行思考和分析""我的成功很大程度上是因为我敢于创新和富有冒险精神""我可以将一些看似不相关的事物联系到一起""我在业余时间经常琢磨新的商业想法"。控制变量包括性别（1=男；0=女）、个人创业经历（1=有，0=无）、家庭创业经历（1=有，0=无）、成长环境（1=城市，0=农村）。除了控制变量外，其他变量的测定均采用李克特五分量表，要求被试者按照符合程度进行打分，其中 1 代表很不符合，5 代表很符合。

3. 统计分析方法

本研究使用 SPSS 对调研数据进行了信度及效度分析，利用单因素方差分析讨论不同控制变量的青年在创业意向上的差异，并使用 AMOS 软件分析青年创业者的创业领导力、创业警觉性对创业意向的影响机理。

3.3.3 主要结论

1. 信度及效度分析

SPSS 软件对创业领导力、创业意向和创业警觉性量表的 KMO 值均在 0.75 以上，说明调查所获得数据较适合进行因子分析，Cronbach α 系数均在 0.78 以上，说明量表信度较高，从而接受问卷的测量结果。然后展开探索性因子分析，选取载荷系数大于 0.5 作为各测项的分类标准，剔除载荷系数为负数、具有双重载荷以及低于载荷系数 0.5 的 2 个测项。创业领导力 18 个题项提取出 4 个主因子，分别为创业效能感、先验知识、资源整合能力和团队建设能力。创业警觉性 4 个题项提取出一个主因子，即创业警觉性，创业意向 5 个题项提取一个主因子，即创业意向。3 个变量提取的主因子的方差累计贡献率均超过 60%，说明主因子的解释力较强。运用 AMOS 软件验证变量的建构效度，创业领导力、创业警觉性和创业意向 RMSEA 均小于 0.10，（χ^2/df 均小于 3，IFI、CFI、GFI 均接近于 1，说明本研究所确定的三个变量结构模型的拟合优度可以接受。探索性因子分析及验证性因子分析的结果表明，所抽取的因子结构合理，与研究框架一致。

2.控制变量对青年创业意向的影响分析

运用独立样本 t 检验分析青年创业者的创业意向在性别、个人及家庭创业经历和成长环境不同群组中的差异性。结果显示：

（1）性别不同的青年在创业意向上的差异不显著。该结论与前几年许多学者的研究不一致，存在差异的主要原因在于：一是地区创业文化的差异会显著影响青年对创业的基本态度。江苏省在创业需求、创业服务、创业人才、创业产出等方面的表现排名第一，浓厚的创业氛围显著提高了青年的创业意向。二是随着就业难度的不断增加以及创业浪潮的推动，男女青年均把创业视为改善就业、促进自我发展的重要手段。三是近年互联网和移动互联终端的发展使基于互联网的低成本、低风险的网络"微创业"为女性创业提供了更加便利的平台，因此本研究结果显示江苏省青年创业意向在性别上的差异不显著。

（2）个人创业经历不同的青年在创业意向上有显著差异，且有个人创业经历的学生的创业意向更强烈，该结论与许多既有研究相一致。有创业经历的青年对创业有更加深入的理解，愿意承担创业风险，具有更高的创业效能感，此外，创业经历使青年积累了先验知识和能力，为再次创业奠定知识基础，所以创业意向水平较高。

（3）家庭创业经历不同的青年在创业意向上有显著差异，且家庭有创业经历的青年的创业意向更强烈，该结论与许多既有研究相一致。所在家庭具有创业经历的青年可以积累更加丰富的信息获取渠道和社会关系网络，从资金、社会资本、人际关系资源等角度发现更多的创业机会，因此创业意向较高。

（4）成长环境不同的青年在创业意向上的差异不显著。过去的一些研究认为由于受到教育水平的限制、信息和技术的约束、政策不够健全的影响，农村青年的创业意向显著低于城市青年，本研究结论与其不一致的主要原因在于：一是教育的普及使成长于不同环境的青年有更多的机会在城市中接受教育、参加职业培训和创业指导。江苏省教育普及程度较高，因此青年群体特别是大学生群体体现出成长环境不同的青年在创业意向上的差异不显著。

二是互联网技术的发展使不同地区青年获取创业知识与信息的渠道更加多元化，基于互联网的农产品电子商务成为农村地区新的创业热点。三是江苏省政府将扶持劳动者创业的优惠政策向农村延伸，给予农民创业一次性创业培训补贴、租金补贴、税费减免、小额担保贷款及贴息等优惠政策，政策的扶持显著提升农村地区青年的创业意向水平。

3. 创业领导力、创业警觉性对创业意向的影响分析

为了验证研究假设，分别构建青年创业效能感、先验知识、资源整合能力、团队建设能力对创业警觉性和创业意向的影响关系模型，结果显示：

（1）创业效能感、资源整合能力、先验知识和团队构建能力对创业意向均具有显著的正向影响（路径系数分别为0.596、0.452、0.148、0.482，其中创业效能感、资源整合能力和团队建设能力在$P<0.01$的条件下统计显著，先验知识在$P<0.05$的条件下统计显著），因此假设1得到支持。在影响创业意向的4个因素中，自我效能的影响力最大，其次是团队建设能力和资源整合能力，最后是先验知识。

（2）创业警觉性对创业意向具有显著的正向影响（路径系数为0.573，在$P<0.005$的条件下统计显著），假设2得到支持，创业警觉性反映了创业者识别创业机会的能力，是否具有创业机会是创业者采取行为的重要前因要素，许多既有研究也证明了这一结论。

（3）资源整合能力、先验知识和团队建设能力对创业警觉性具有显著的正向影响（路径系数分别为0.168、0.589、0.603，其中资源整合能力在$P<0.05$的条件下统计显著，先验知识和团队建设能力在$P<0.005$的条件下统计显著），创业效能感对于创业警觉性的影响不显著，假设3得到部分支持。

4. 创业警觉性中介作用的分析

根据Baron和Kenney（1986）检验中介作用的三步骤法检验创业警觉性在创业领导力影响创业意向过程中发挥的中介作用，步骤如下：

（1）检验创业警觉性是否与创业意向显著相关；

（2）验证创业领导力是否与创业意向显著相关；

（3）创业意向同时对创业领导力和创业警觉性的回归分析，如果创业警觉性的回归系数达到显著水平，创业领导力的回归系数下降，则说明存在中介效应，如果创业领导力的回归系数下降到不显著水平，则认为是完全中介效应，如果创业领导力的回归系数有所下降但仍然显著，则认为存在部分中介效应。由于自我效能感对创业警觉性的影响没有通过显著性检验，因此在下文创业警觉性中介作用分析时，只建立资源整合能力、先验知识和团队建设能力通过创业警觉性影响创业意向的模型检验创业警觉性的中介作用。回归分析显示，加入创业警觉性后：

第一，先验知识和团队建设能力对创业意向的影响变得不再显著（P值分别为0.489、0.596），这表明创业警觉性在先验知识与团队建设能力对创业意向的影响过程中起完全中介作用。这说明在创业初期创业者组建团队将既有知识体系与外界所获得的信息交流碰撞产生学习行为，创业学习的直接结果就是产生创业警觉性，因此先验知识与团队建设能力完全通过创业警觉性影响创业意向水平。

第二，资源整合能力对创业意向的显著性水平有所下降（路径系数由0.317下降为0.212，P值为0.04），这表明创业者的资源整合能力有一部分通过创业警觉性影响创业意向；另一部分则通过其他途径直接或者间接影响创业意向。创业警觉性在网络支持对创业意向的影响过程中起部分中介作用。创业者在创业过程中需要得到信息、技术、资金和情感等多种资源的支持，创业者通过学习创业网络内的信息与知识产生创业警觉性进而影响创业意向水平，但是创业者所需要其他资源的支持并未通过创业警觉性影响创业意向。

3.3.4　对策与建议

基于调查数据，本研究分析了不同性别、个人及家庭创业经历、成长环境的青年在创业意向上的差异，讨论了青年创业者领导力、创业警觉性和创业意向的影响关系，得到如下结论：①近年来江苏省青年创业意向水平在性别和成长环境上的差异不显著，但是在个人和家庭创业经历上具有显著差异；②创业意向受到创业自我效能、资源整合能力、先验知识和团队建设能力的显著正向相关，其中创业自我效能感对创业意向的影响力最大，所以要提高创业警觉性首要是提升青年创业者的自我效能感；③先验知识、团队建设能力通过创业警觉性影响创业意向，资源整合能力既可以直接影响创业意向，也可以通过创业警觉性对创业意向产生影响过程，因此促进创业警觉性桥梁作用的发挥可以提高青年创业意向。基于研究结论，本研究从提升青年创业领导力角度出发对创业教育体系的建设提出如下建议。

1. 改善创业自我效能感，提升创业意向

实验结果显示青年创业自我效能感对创业意向产生直接且正向的显著影响。在调查中，我们发现很多青年选择创业不仅是学习创业知识和技能的结果，而且是自身骨子里就想创业，具有强烈的创业激情。提升青年创业自我效能感能有效激发创业热情，因此培养青年创业自我效能感是创业教育的首要问题，可以从创业文化氛围建设、创业体验和创业风险评价三方面着手。

（1）要塑造创业文化氛围，改变传统的就业观，让青年创业行为得到认可和支持。文化和情感的支持是创业者能够创业成功的基础条件。在社会范围内通过创业、创新活动的开展和制定鼓励青年创业的政策有助于塑造支持创业的文化氛围，以增强创业信念，坚定创业想法。例如英国就在全社会形成一个激发创业、鼓励创新和奖励成功的文化以培养青年学生的创业精神。

（2）要创造创业成功的体验。亲历的成败经验对自我效能感的形成影响最大，成功的经验可以使个体对自己的能力充满信心，提高自我效能感。瑞典创业教育的特色就在于通过创业课程和游戏帮助学生获得成功的创业体验。在创业知识的培训中需注重对创业成功案例的讨论，帮助青年理解创业内涵，总结他人创业成功或者失败的经验，正确评价创业失败的负面影响，为真正投入创业活动奠定基础。

（3）要树立合理的创业评价观，引导青年正确、积极地看待创业行为，评估创业风险。创业过程中一定会遇到很多问题，首次创业未必能获得成功。如果没有科学、合理的创业评价观，要么陷入创业的失败不敢再次尝试，要么盲目沉浸于一时的成功而忽视风险。创业教育除了给予青年创业所需的知识和技能，更应该帮助青年建立正确的自我认知，学会面对创业风险与失败，提高创业自我效能感。

2. 通过提高创业警觉性增强创业意向

创业警觉性是创业领导力与创业警觉性之间的桥梁，实验结果表明青年先验知识、资源整合能力和团队建设能力在创业初期通过创业警觉性影响创业意向，因此培育创业警觉性发展的土壤可以有效地提高青年创业意向。创业警觉性在本质上是创业学习的结果，在异质性较高的网络群体中，信息的冗余程度较低，来自不同背景、特征、目的成员能够提供丰富多样化的信息，有助于提高创业警觉性。因此在培养青年创业领导力的过程中需重视创业知识、资源、团队成员构成的异质性，这可以从创业团队建设和创业资源多元化两方面着手。

（1）打造异质化的创业团队。作为创业教育的主导者，政府与高校可以通过政策扶持为青年创业团队提供良好的合作平台。在创业团队的构建中要特别重视成员背景、专业、学科的交叉，通过鼓励不同专业的青年组建团队、不同领域的专家参与指导、不同背景的创业者互动交流，实现异质化信息的碰撞，促进形成基于创新创业意识与实践经验相结合青年创业团队，获取新的创业想法，抓住创业机会。

（2）提供异质化的创业资源。创业资源主要源于创业者的社会网络，社会网络的结构、关系和治理机制影响着资源的获取与整合，为了能够为创业青年提供充分的异质化信息，需要扩大创业网络的规模、加强网络成员之间的联系，培养成员之间的信任。因此在创业教育过程中不仅要关注创业团队的人员构成，更要关注团队成员之间联系的质量，通过建设基于认知和情感的信任机制促进成员之间异质化资源的共享，进行资源匹配与整合，为创业活动的开展提供基础，以达成提升创业警觉性进而推动创业意向水平提高的目标。

3.4 本章小结

本章首先回顾了经典的创业过程模型，并将其分成了基于行为和影响因素的两类体系。然后从复杂适应系统的核心思想出发，将创业影响因素与创业行为模型相结合，提出了在复杂环境下创业者通过学习产生适应性并在系统中生存和发展的动态创业过程模型。该模型是由创业者的个体学习和群体学习共同构成，其中个体学习是在创业意愿和创业机会识别的相互影响中进行，群体学习是在创业意向、创业关系和创业活动的交互影响的螺旋式上升过程中进行。

通过对创业认知理论的回顾，从创业社会网络角度提出影响大学生休学创业认知的因素模型，并就个体、高校和社会因素对创业认知的影响提出理论假设，采用实证研究讨论各因素对大学生休学创业认知的影响作用。研究表明，目前大学生休学创业认知影响因素按影响力大小依次为个体、社会和高校因素，其中高校和社会因素之间存在显著的相关性，但高校、社会因素均与个体因素缺乏显著相关。这表明现代高校的创业教育及政策、地方政府的创业扶持措施还有待合理改进，以期真正为提高学生创业体质发挥作用。

本章在回顾和梳理相关文献的基础上构建青年创业领导力、创业警觉性和创业意向关系的概念模型，利用江苏省青年创业行为的抽样调查数据，采用结构方程分析方法对理论假设进行实证检验。研究表明，江苏省青年创业意向在性别和成长环境上的差异不显著，但是在个人和家庭创业经历上具有显著差异；青年创业领导力各维度与创业意向显著相关，其中创业效能感的影响力最大；创业警觉性在先验知识与团队建设能力对创业意向的影响中起完全中介作用，资源整合能力对创业意向的影响中起部分中介作用。

第4章 创业社会网络对创业知识传递意愿的影响分析

第3章主要基于创业社会网络角度分析了创业者、创业团队开展创业学习的过程模型,并讨论了创业社会网络在提升创业认知、创业意愿方面发挥的作用。本章将在回顾相关理论的基础上通过定性和定量方法讨论了创业社会网络对创业知识传递意愿的影响。本章首先分析创业社会网络的基本特征要素,从影响创业警觉性形成的知识获取层面出发,讨论社会网络的关系、结构特征、网络治理和制度对创业显性知识传递意愿影响。然后讨论社会网络对隐性知识传递意愿的影响,通过分析委托人代理模型在隐性知识传递中的适用性以及声誉效应存在的原因,尝试引入声誉模型分析创业社会网络内隐性知识传递的主要过程,从建立声誉角度出发,讨论影响创业隐性知识传递意愿的社会网络要素,为后文实证模型构建与假设的提出奠定理论基础。

4.1 创业社会网络影响知识传递的因素分析

4.1.1 创业社会网络的基本特征

通过对社会网络理论的回顾,可以发现研究者在进行创业活动分析时基于不同的研究目标采用了不同的网络测量指标。国内外进行社会网络实证研究主要使用的网络测量维度指标有不同的分类标准,例如使用"网络基点、网络密度、网络可达性和范围"四个维度，或者使用"网络内容、强度、频率、持久性和方向"五个维度。社会网络的强联结与弱联结、结构空洞理论以及网络治理体现了创业者社会网络对创业活动的影响。本研究根据创业网络的特点以及在创业活动中发挥作用的差异，使用创业社会网络关系、网络结构和治理机制反映创业社会网络的特征。

1. 社会网络关系

关系是构成社会网络最基本的要素，体现为网络群体中的各种社会关系。例如，人们之间的亲属、同学、朋友、同事关系，组织之间联盟、合作、信任、集群关系。在网络关系的分析理论中最有突出影响的是Granovetter，他在1973年发表了著名的《弱关系的力量》一文，通过引入"强度（strength）"，将联结分为强、弱联结两种类型。他认为强、弱联结在信息与资源的传递中扮演着不同的角色。强联结是个人经常联络的、关系密切的联系，通常发生在社会经济特征，例如性别、年龄、教育水平、收入水平等相似的个体之间；弱联结是不常联络的、间接性社会关系，通常发生在社会经济特征不同的个体之间。由于强、弱联结具有不同特征，在资源传递过程中发挥着不同作用：一是强联结群体内部在知识、经验和背景等方面具有较高的相似性，所以通过强联结所带来的资源通常是冗余的，即不能带进"打动"个体的新资源与信息；二是弱联结是在知识、经验和背景不同的群体间发生的，所传递的资源包含有显著区别的信息源，能够有效地传递新思想和新资源，实现多元化信息在群体中的传播。因此对于个体而言，由弱联结搭建的"信息桥"更加有利于高价值信息的流入。

但是"弱联结理论"并没有在实证方面得到研究者的一致认同，Bruderl和preisendorfer利用来自德国的新创企业数据证明来自创始人的强网络支持能够更加提升企业的成长水平。Davidsson和Honig通过大样本调查发现在创业起步阶段，强联结更能促进创业者创立企业。国内的边燕杰教授运用实证研究讨论了强弱关系对个人求职过程的影响，他发现在中国社会文化背景下，人们更加重视亲密度和熟识度，因此"强、弱关系"存在典型的优势互补效应，"强关系假设"具有更强的解释能力。

2. 社会网络结构

社会网络的结构要素包括规模、异质性、密度、中心度等，社会网络的结构决定了个体可以获取信息的质量。从社会资源理论来看，个人社会网络中的社会资源可以被个人占有，更多是通过关系网络获取。社会网络的异质性、网络成员的社会地位、个体与网络成员的关系力量决定着其所拥有的社会资源的数量和质量。法国社会学家Bourdieu把社会网络提升到社会资本的高度，他认为组织或个人所拥有的资本可以分为三种类型：一是财务资本（物质资本），表现为独立于个体的各种财富；二是人力资本，表现为存在个体之内的个人特质；三是社会资本，表现为存在于个体和他人社会关系中的各种资源。社会资本是社会网络中的成员各种社会关系和结构中获得的有用资源，体现了社会关系网络的优势，社会资本水平越高的创业者所接触到的机会信息数量也就越多，质量也越高。社会网络的规模、异质性和资源数量对可以获取的社会资本具有重要影响，进而影响创业机会识别以及创业绩效。创业者可以借助社会交往活动从其他成员那里摄取和交换与机会相关的信息与知识，发挥社会资本对机会识别的作用。新创企业的创业网络异质性水平、网络规模显著影响了利润。张青和曹魏指出个人所拥有的社会资本能够显著提高创业绩效，因为创业机会识别、资源的获取受到结构资本、关系资本影响，创业者动机受到认知资本的影响。创业网络的实证研究也显示创业网络的异质性和密度对创业行为和绩效具有显著影响，创业社会网络存在异质性说明网络对象的属性不同，异质性越高，网络中共享资源的跨度越大，创业者越容易获取多元化的信息。创业网络群体来自不同行业会对企业成长绩效起到极大的促进作用，创业核心网络成员职业的异质性有助于创业者从网络中获取资源，从而提高创业成功率。创业网络密度体现了创业者与网络中其他群体的实际联系，网络密度与创业绩效关系的研究有两种不同结果：即网络密度越高则创业绩效越好，网络密度越低则创业绩效越好。

3. 网络治理

创业者在采取创业活动的过程中发挥主观能动性，但又不可避免受到复杂多变的外部环境影响。"嵌入理论"就是从社会结构对个体经济活动的影响反映多元化社会机制对创业活动的影响作用。嵌入是新经济社会学的核心概念之一，最早由Polanyi在1944年所著的《大变革》中提出，他认为人类的活动嵌入在一定的制度之中。在Polanyi的研究基础上，美国著名经济社会学家Granovetter进一步对嵌入的概念进行了发展和具体化。Granovette发表了《经济行动和社会结构：嵌入问题》，他指出嵌入是个体的经济行为受到信任关系的影响，在社会结构中，信任源于社会网络并嵌入社会网络，所以人们的经济行为也嵌入社会网络的信任结构。Granovette将社会网络中的嵌入关系分为关系性与结构性，关系嵌入是指在社会网络成员相互信任的基础上，了解交换对象的行为、目标与需求，结构嵌入是指在一定的社会关系和机制的保证下，交换双方可以进行有效率的信息交流。在创业研究背景下，虽然各研究者对嵌入性的定义和划分不同，但是综合来看，学者们都认同创业者的经济行为是嵌入在特定的社会网络之中，因此一定会受到网络联结与网络规则的影响，如信任关系、互惠规则、情感因素、共享集体理解力等。创业网络的治理机制会影响创业行为及创业绩效，表现在：第一，在嵌入了信任、情感、互惠、伦理道德的社会网络中，创业者可以更加充分地共享信息与知识，交流经验与教训，进而指导创业行为。第二，社会网络的关系嵌入使得经济行动者之间产生了信任与互动，保证了交易的顺畅进行。网络结构嵌入、关系嵌入分别与常规性任务、创新性任务的绩效显著相关。

4.1.2 创业社会网络的制度特征

1.激励制度

创业者在创业社会网络中进行社会交换，交换的资源包括信息、知识和技能。以利己主义为中心交换机制之所以能够存在并维持，最重要的原因就是能够为传播者带来明确的交换收益，这种收益可以表现为奖金也可以表现为声望和名誉。创业者是否愿意分享创业知识、进行创业学习受到创业网络激励制度的直接影响。若社会网络内存在奖金激励制度，规定知识传播者可以从分享知识中获得共享收益，并且收益在数额上与共享知识的质和量相关，那么为了能够从社会交换中直接获取奖金收益，网络成员会投入更多的努力进而产生更好的知识传递效果；如果社会网络内存在声誉效应，那么为了在未来被其他人更好地评估,网络成员会努力进行知识分享和创业学习以建立良好的形象和声誉。因此创业社会网络内的社会交换激励制度直接影响创业者的行为,通过建立金钱与声誉并重的激励制度可以有效地从当期和未来收益角度激励网络成员进行更加有效的知识传递和创业学习。

2. 环境氛围

创业者的个体行为不仅受到制度因素的影响,同时,他感知到的外部环境也会对行为产生促进或阻碍作用。创业环境氛围体现在社会网络是否有支持创业行为的文化、控制创业风险等。首先,创业文化政策体现了不同社会、地区在长期发展中形成的文化价值观,特别是对于创业活动的认可以及对个体承担风险、自主自立、勇于创新等精神的认同。创业文化直接促使创业者利用现有竞争优势不断搜寻创业机会,从事创业活动。如果在创业社会网络中存在支持创业、鼓励成员进行知识传递和信念学习的文化,那么创业者的创业行为可以获得更多成员的认同,一方面获得心理的满足和情感的激励;另一方面创业者对未来通过社会交换获得收益有了更为积极的预期,因此会更加积极地投入知识的传递和学习。其次,创业者对风险的感知和评估影响着创业行为,如果社会网络中能够提供政策支持以控制创业风险,将有助于建立相互信任、交流和承诺的人际关系,通过增强个体之间的相互联系,塑造创业社会网络的信任机制,提高知识传递主体知识共享的意愿,增强知识传递主体的抗风险能力。作者通过对江苏省本科大学生的调研发现社会创业政策对大学生创业警觉性的形成产生显著影响。

4.2 创业社会网络对显性知识传递意愿的影响分析

作为创业知识重要载体,社会网络可以为创业者提供创业显性知识和隐性知识,但由于这两类知识性质明显不同,其具体的获取路径和传递渠道也就不同。很多研究已经在理论和实证层面讨论了社会网络对显性知识传递的影响过程,因此下文通过回顾以往的文献从理论角度讨论创业社会网络对显性知识传递意愿的影响。

显性知识是经过编码的、记录在物质载体上的知识形式，显性知识传递的效果受到传播者的知识存量、传递能力等硬性指标的影响，还会受到传递意愿、保护意识、传递动机的影响。因此改善传播者显性知识传递意愿可以有效地提升创业社会网络显性知识传递绩效。下文从创业社会网络的特征要素，包括网络关系、网络结构、信任机制和网络制度四个方面出发，讨论创业社会网络对显性知识传递意愿的影响。

1. 网络关系

由于显性知识是通过有形的载体进行记录和传递的知识，所以载体所承载的显性知识量直接影响了显性知识传递效果。许多研究从社会网络角度讨论了关系强度对显性知识传递效果的影响，Granovetter的"弱关系理论"认为在知识转移过程中，具有强关系的个体之间在知识结构、经验、背景等方面具有较大的相似性，信息的重叠性较高，所增加的资源与信息大部分是冗余的，因此不能带来新的资源与信息，而在弱关系的群体间由于存在新颖和有价值的信息，网络成员间可以传递多种多样的资源。显性知识传递要求传递对象间既要有一定相同的知识基础，又不能存在较大的知识交叉。由于显性知识传播过程简单，传播途径多样化，特别是在现代信息技术发展的基础上更是无须传播双方的有效接触就可以实现交流，所以强网络联系对显性知识传递并没有实质性帮助。在弱关系群体中，传播者可以借助显性知识传播迅速和他人建立沟通的对等关系，并享受成为信息传播中心的资源优势，所以弱关系网络反而容易推动传播者显性知识传递的意愿。例如通过微信公众号，传播者可以传播大量的可以使用图片、文字表现的信息，虽然微信公众号的传播者和接受者并不相识，但是借助现代化的科技手段，传播者可以借助信息的发送量成为网络群体的中心，拥有更多的网络资源。所以从显性知识传递意愿上来看，弱关系有利于获取新资源，是知识获取的重要通道。很多学者也从实证角度证明较弱的网络强度有利于"公共物品"特性的显性知识的共享。

2. 网络结构

创业社会网络结构包括了规模、密度、异质性等特征。这些网络结构要素在创业显性知识的传递意愿上产生了不同的影响。创业社会网络规模越大表明显性知识传播者与其他行动者之间的关系数量越多，因此网络中显性知识存量也就越多，为了获取团队中其他成员的认可并建立信任，传播者愿意提高显性知识传播的质和量，从这个角度来看网络规模正向影响着显性知识传递意愿，但是随着网络成员数量的增多，不同接受者对显性知识接受的反映不同，传播者通过知识共享行为所能收获的"传播回报"的边际效益有所下降，从这个角度上来看网络规模会对显性知识传递意愿产生负面影响。创业社会网络密度是指网络中行动者之间关系的实际数量和其最大可能数量之间的比率。社会网络的密度越大说明网络内的行动者之间进行全面的互动，知识传播者和其他群体成员拥有更多的朋友，促使传播者愿意提供更多的资源和支持。有学者基于社会资本和资源交换视角，通过对业务团队社会网络的测量研究了团队间知识共享问题，结果发现过于集中的网络不利于团队间知识共享。因此网络成员之间具有广泛联系提升显性知识传递意愿产生了双重影响。网络异质性反映了成员之间在社会、文化、经济等方面存在的差异性，异质性越大的创业社会网络内部有越多非冗余的显性知识存在，创业涉及多领域的交叉信息，为了获得其他成员的知识反馈，传播者越愿意进行显性知识传递。

3.信任机制

信任源于社会网络并嵌入社会网络，人们的经济行为也嵌入社会网络的信任机制，信任往往是促使知识成功转移和共享的决定性因素。信任在知识共享过程中的重要性甚至超过了正式的合作程序，因为如果没有信任，知识共享就不可能发生。社会网络中在知识传递上的信任反映了接受方感受到的提供方的可靠性和提供方感受到的接受方的可信性。信任既是这一次知识传递的基础，同时也反映了知识传递双方是否具有良好的形象和声誉，从而影响下一次知识传递过程。如果没有信任，知识传递双方的传递意愿将会受到机会主义的影响，因为担心对方的不合作会对自己的收益产生影响，而降低在传递过程中的投入，从而影响知识传递效果。组织内部实现知识共享的前提就是员工之间相互信任，员工之间的信任程度显著影响个人之间知识传递的频率以及意愿。随着信任程度的提高，网络成员之间的交往就越深入，从而越了解彼此的背景、特质以及行为的目标，进而可以对对方的行为进行有效的预测，降低未来由于对方不合作行为产生而带来的风险。工作环境中的信任常常来自人们日常的交往，信任有助于增加交往和沟通，充分共享个人知识。

4. 创业制度

显性知识传递奖罚制度是推进知识传递意愿的最直接的激励要素，传播者通过显性知识传播行为能够得到他人的知识分享以及信任、尊重和友情。在良好的企业制度的影响下，企业通过包括研发学习、网络学习、干中学等途径获得知识并将这些知识传播提升企业绩效，企业制度越完善，组织学习对企业绩效的提升作用越明显。所以在有强有力的制度保障下，传播者会积极开展显性知识传递活动。

4.3 创业社会网络对隐性知识传递意愿的影响分析

创业隐性知识在社会网络内的传递研究并不充分。许多研究表明创业社会网络影响了组织中的知识转移，尤其是隐性知识的转移，创业主体能否构建、发展创业社会网络并从中汲取资源和能量直接关系创业的成功性，创业网络通过为创业主体创造隐性知识交流、共享的机会直接激发了创业行为。

梳理相关文献可以发现国内外学者充分肯定了隐性知识传递对创业过程，特别是创业学习的重要作用，并通过探讨创业网络中隐性知识传递的影响因素提出改进创业学习的策略。研究隐性知识传递过程可以使用多种方法，引入博弈论有助于使分析更加量化。既有的隐性知识传递博弈研究基于不同理性假设角度而展开：

（1）强调在完全理性假设下，使用囚徒困境、委托代理等模型讨论隐性知识传递的可能性并分析影响该过程的主要因素。

（2）强调非理性动机对隐性知识传递的影响，例如使用声誉模型。创业者所进行的隐性知识共享活动是一种理性选择，但非理性思维对知识传递的影响也不容忽视。创业者的知识传递行为嵌入特定的社会网络，受到网络联结与网络规则的影响，因此将互惠规则、信任关系等因素融入博弈分析过程可以更好地反映知识传递双方的决策过程。通过互惠原则形成的心理契约会影响员工在组织中分享隐性知识的态度。从非理性角度来看，隐性知识传播者非理性的互信判断是保持知识共享活动长期稳定的基础，非理性的互惠性偏好有助于提高隐性知识转移效率；从理性角度来看，建立在理性认知基础上的信任通常需要多次重复交易才能实现，人际互动的历史有助于推断他人是否值得信任并预测他人未来的行为。因此隐性知识传播者为获取稳定的传播收益会在多期博弈的基础上，通过形成良好声誉建立信任关系促进隐性知识的传递和共享。

4.3.1 创业社会网络影响隐性知识传递意愿的主要因素

相对于显性知识而言，隐性知识较难获取，这是由隐性知识的根本性质所决定的。隐性知识隐藏在个体中并嵌入个体背景，受到主客体关系的影响，因此通常需要在主客体之间通过多次交互才能实现隐性知识的传递和吸收，"干中学"和"师徒相传"是常见的获取隐性知识的方式。当企业中具备互惠、声誉、无私的心态和信任时，员工才愿意主动与他人共享自己的知识。互惠是共享的前提，声誉是推动网络成员持续共享的条件，信任则是共享行为发生的基石。由于知识属性不同，隐性知识与显性知识在传递和获取上具有显著的差异，本研究从社会网络的基本因素出发，将创业社会网络影响传播者隐性知识传递意愿的主要因素分为如下四个方面：

（1）声誉。在显性知识的传递过程中，由于知识可见且易于度量，因此显性的奖金机制可以很好地对显性知识传递进行激励。由于隐性知识无形且难以衡量的特点，因此完全依赖显性激励机制还不足以起到有效的激励作用。在隐性知识的传递过程中，声誉发挥了更加显著的影响。如果经常向他人提供隐性知识可以提高他人对自己的评价，那么网络成员将会乐于分享隐性知识，虽然他人对自己的评价未必能直接带来经济收益，但是在隐性知识传递过程中形成的这种声誉能在未来为知识的传播者带来收益，例如有更多的人愿意在以后的知识分享中与高声誉的人合作，进而产生更多的知识共享效益。隐性知识的共享能够提高个人的地位和声誉，进而在未来影响知识传播者的收益，因此声誉对隐性知识的获取具有重要影响。

（2）社会网络隐性知识传递成本。隐性知识传递成本既包括传播者的传播成本，也包括接受者的接受成本，传递成本反映了隐性知识在知识传递主客体之间传播的难易程度。隐性知识传递成本通常受到个体传递能力、传递双方关系以及传递双方性质的共同影响。隐性知识传递成本影响了共享双方可能从共享过程中获取的收益。隐性知识传递成本受到社会网络的影响：一是网络强度影响传递成本。知识共享双方交往次数的增加更容易产生相互支持，因此在隐性知识共享的过程中强关系比弱关系更具有传播优势，互动频率越高，双方可能获取的潜在利益越高。通过在隐性知识传递主客体之间建立强关系，可以形成经常性的、长久的、稳定的联系，从而减少隐性知识在个体之间的传播的障碍，降低共享成本。二是网络异质性影响传递成本。提高社会网络成员的同质性以及增强创业社会网络个体之间的联系，可以有效推动声誉机制在创业社会网络的隐性知识传递过程中发挥作用。通过为知识传递双方塑造更多的同质化的社会经济特征，可以使隐性知识主客体之间的交流更加便捷，进而提高隐性知识的传递能力，改善隐性知识传递的效率。三是网络规模影响传递成本。如果网络中有较多的知识拥有者，那么能够从网络中获取自己所需要的隐性知识的可能性就增大，通过扩大网络规模可以使创业社会网络中存在更多的隐性知识拥有者，隐性知识传播者才会对未来能够共享的知识量具有更加积极的预期，从而增大隐性的"浮动报酬"。但是由于网络规模较大，知识需求者需要具有更高的判别和分析能力才能在网络中找到需要的隐性知识，所以网络规模对传递成本的影响具有双向性。

（3）隐性知识传递激励制度。奖励制度对隐性知识传递意愿的影响最为直接，要促进创业社会网络中的声誉激励效应，必须提高传播者前期知识传递产出对后期传递收益的影响，也就是加大隐性激励的比例。这里的奖励制度更多地体现在传播者未来能够得到的知识分享以及得到的信任、尊重和友情。信任机制对个体隐性知识的传递产生影响。知识的传播者可以通过分享自己的隐性知识换取别人的隐性知识，这是知识共享行为发生的基础。通过在社会网络中形成互惠互利的信任氛围，传播者的知识传递行为才能得到他人更多的认同，进而在未来获得隐性报酬。社会网络成员在互惠与认同的氛围下，更愿意提升知识流通的量和质，因此通过增大创业社会网络规模以及建立互惠互利的信任机制可以推动声誉机制发挥作用。

（4）隐性知识传递氛围。隐性知识传递氛围会影响隐性知识传播者对传播风险的态度、对未来传播收益的预期以及社会网络中其他个体对传播者传播能力的预期。塑造创业社会网络的信任机制可以提高他人对传播者能力的预期，为知识传递，特别是隐性知识传递创造了沟通基础。杨湘浩认为在组织成员间建立信任关系可以有效地降低任何一方采取机会主义的可能性，因此营造知识共享的文化可以提高合作效率和交换产出。改善创业氛围有利于增强个体之间的相互联系有助于促进沟通，若知识拥有者与知识接受者之间缺乏良好的沟通，就会降低知识传递的效果。信任机制能够为知识传播者提供承诺，承诺使创业者对创业过程不确定性的容忍度增强，创业者对隐性知识传递所能带来的收益的预期更加积极，从而提高传播者对隐性知识的传递意愿。因此推动信任机制的建立，促进创业政策的实施有助于声誉机制发挥作用。

由于隐性知识传递的多期性特征，声誉成为影响传播者隐性知识传递的重要因素。社会网络对隐性知识传递意愿的影响很大程度上是通过隐性知识传递成本、隐性知识传递奖励制度、隐性知识传递氛围而实现的。对社会网络对隐性知识传递意愿的影响分析可以从上述因素入手，利用声誉理论中可跨期传递的声誉感知来表示隐性知识传递奖励制度因素，将隐性知识传递成本，隐性知识传递氛围因素抽象为各种参数，同时结合多任务委托代理模型，建立隐性知识传递动态激励模型，并通过模型的求解和对相关的参数分析来对社会网络与隐性知识传递意愿的关系进行探讨。

4.3.2 利用声誉模型分析隐性知识传递的可行性

在隐性知识传递活动中接受者与传播者的关系可视为委托代理关系，声誉作为一种无形资产，成为知识传播双方挑选合作伙伴的重要依据，因此在分析隐性知识传递的委托人市场模型的基础上引入声誉效应可以更好地反映知识传递双方，特别是传播者的心理及行为特征。实证研究表明两阶段的声誉机制模型可以解决社会两难问题，因此通过建立两阶段的委托人市场——声誉模型可以探讨影响知识传递过程中声誉效应的主要因素，为改善创业社会网络的建设提供理论依据。下面对委托代理理论和声誉模型的基本思想进行简要概述。

委托代理理论基于古典经济学"经济人"和"理性人"假设，从信息的不对称和目标的差异性出发研究通过建立激励合同使委托人、代理人的利益达成平衡。委托代理关系及活动在个体间隐性知识转化活动中普遍存在。在隐性知识传递过程中，由于传播者和接受者所拥有的知识体系有差异，互惠互利在一定程度上是创业社会网络构建的根本前提，所以传播者在前期提供了隐性知识，接受者则可以以在未来向传播者反馈知识作为报酬，或者以信任、尊重和友情作为回报，形成两者之间的隐性契约，但是仍然可能存在道德风险影响传递效果。因此可以认为隐性知识传递主体和客体在知识共享过程中存在着委托代理的关系，其中隐性知识的接受者是委托人，传播者为代理人，两者之间通过隐性契约约束彼此的行为。

参与人在动态博弈中的行为不同于静态博弈中的行为。对于静态委托代理模型，因为委托人不能观测代理人的行为，委托人需要通过可观测的代理人行为结果对代理人进行"显性激励"。Fama认为如果委托代理关系是多次的，即使没有显性激励合约，考虑到代理人过去的经营业绩也会影响其市场价值，因此为了形成良好的合作形象，也会促使代理人选择积极努力地工作。Holmstrom将Fama的思想模型化，将声誉效应融入传统的委托代理模型。

使用声誉理论可以分析社会网络中的隐性知识传递行为。因为创业者的经济行为嵌入特定的社会网络，一定会受到网络联结与网络规则的影响，如信任关系、互惠规则、情感因素、共享集体理解力等。在隐性知识的传播过程中各种网络规则扮演了非常重要的角色，人际互动的历史给予人们评估他人人格、意图和偏好的信息，这种信息使得人们能够推断他人是否值得信任和预测他们未来行为。因此知识的传播者为了在未来能够从社会网络中获得其他人的知识共享，必须形成好的"声誉"，树立良好的合作形象，在长期的合作关系中参与双方都会致力于维护自己的声誉。建立在理性认知基础上的信任通常需要多次重复交易才能够形成，声誉机制建立在多期博弈的基础上，通过可积累的、可跨期传递的指标营造适于长期合作的氛围,促使合作双方提高合作意愿,抑制短期行为的产生。因此基于声誉理论对隐性知识传递进行分析可以更好地拟合隐性知识传递双方的心理及行为特征。

4.3.3 隐性知识传递的代理人——声誉模型的构建

1. 模型的基本假设

假设1:社会网络中隐性知识传播主体为委托人,与隐性知识接受客体进行知识传递合作,该隐性知识传递过程只有两个阶段,传播者各阶段的隐性知识传递产出函数为

$$\pi_t = e_t + \theta + u_t, \quad t=1, 2 \quad (4.1)$$

e_t是传播者阶段t的努力水平,θ是传播能力水平(假定它不随时间变化),u_t是外生的随机变量,反映了环境对知识传递产出的影响。同时假设θ和u_t服从正态分布,且相互独立,即,$\theta \sim N(0, \tau\sigma^2)$,$u_t \sim N[0, (1-\tau)\sigma^2]$,$u_t$之间相互独立且与不相关。

假设2:传播者在隐性知识传递过程中的传播成本为$c_d(e)$,接受者的接受成本为$c_r(e)$。$c_d(e)$和$c_r(e)$等价于货币成本,具体形式为

$$c_d(e_{dt}) = \frac{b_d e_t^2}{2} \quad (4.2)$$

$$c_r(e_{rt}) = \frac{b_r e_t^2}{2} \quad (4.3)$$

b_d为传播者的成本系数,b_r为接受者的成本系数。$c_d(e)$、$c_r(e)$都是严格递增的凸函数,$c_d'(e) > 0$、$c_d''(e) > 0$,因此$b_d > 0$,$c_r'(e) > 0$,$c_r''(e) > 0$,因此$b_r > 0$。传播者和接受者的努力程度都与传递的隐性知识量相关,由于成本系数不同,因此隐性知识的传播者和接受者在知识传递过程中产生的努力成本有所差异。

假设3:传播者在隐性知识传播过程中可以获得传播收益,收益函数为线性形式:

$$w(\pi_t) = \alpha + \beta\pi_t, \quad t=n \quad (4.4)$$

α为隐性知识传递固定收益，α>0；β为隐性知识传递激励系数。如果β是固定值则该收益函数就是一般显性契约，传播者的收益只与其当期的产出π_t有关，对传播人起到显性的激励作用。如果β按照传播者上期知识传递产出而进行调整，那么该收益函数就是一个显性与隐性并重的契约。

假设4：随着传播者在t-1阶段隐性知识传递产出的提高，接受者对传播者的传播能力有了更好的评价，并提高传播者在阶段的传播产出预期，为知识传播收益赋予更高的知识传递激励系数，因此传播者上期的努力程度会影响当期的传播收益。知识传递激励系数β受到上期传播产出的影响就体现出该契约的隐性激励作用。为方便讨论，假设：

$$\beta_t = kE(\pi_t | \pi_{t-1}) \tag{4.5}$$

k为上期传播产出对当期激励系数的影响力度。声誉效应体现为接受者通过对第1期的产出π_1来预期传播者的能力进而影响传播者第2期的收益w_2。

假定5：接受者是风险中性的，传播者是风险规避的，其风险规避系数为ρ，贴现率为δ，且ρ>0，δ>0。

2. 模型构建

显性与隐性激励效应在促进传播者有效传播隐性知识上都具有重要作用，如果接受者与传播者之间不存在显性激励合约，那么二阶段的动态博弈中在第2期时传播者没有必要再努力传播隐性知识，因为声誉已经由第1期的努力传播工作"生产"出来了。如果委托人与传播人之间不存在隐性激励合约，那么在第1期传播者就不会为了"生产"在第2期的声誉而会努力传播隐性知识，因为传播者在第2期的收益w_2与接受者对传播者传播能力的评价无关。由于在现实的激励管理过程中总是显性与隐性激励同时存在，接受者人在第2期通过对第1期的产出π_1来预期传播者的隐性知识传递能力进而影响传播者第2期的收益w_2，即传播者第1期努力水平e_1不仅影响到w_1，同时影响到w_2及以后的报酬。根据以上思想和假定，可以得出

$$E(\pi_1) = E(e_1 + \theta + u_1) = E(e_1) = \bar{e}_1$$

$$\text{Var}(\pi_1) = \sigma^2$$

$$E(\theta/\pi_1) = (1-\tau)E(\theta) + \tau(\pi_1 - \bar{e}_1) = \tau(\pi_1 - \bar{e}_1)$$

$$E(\pi_2/\pi_1) = E(e_2/\pi_1) + E(\theta/\pi_1) + E(u_2/\pi_1) = E(e_2) + E(\theta/\pi_1) = \bar{e}_2 + \tau(\pi_1 - \bar{e}_1)$$

$$\text{Var}(\pi_2/\pi_1) = (1-\tau^2)\sigma^2$$

其中 $\tau = \dfrac{\text{Var}(\theta)}{\text{Var}(\theta) + \text{Var}(u_1)} = \dfrac{\sigma_\theta^2}{\sigma_\theta^2 + \sigma_u^2}$，$\tau$ 反映了对传播者能力预期的不确定性。

根据以上关系可以计算出：$Var(w_2|x_1) = (1-\tau^2)\beta_2^2\sigma^2$

根据以上假设可以计算出，接受者两期的确定性收入为

$$E_r = E(\pi_1 - w_1 - c_{r1}) + \delta(\pi_2 - w_2 - c_{r2}) = \bar{e}_1 - E(w_1) - \frac{b_r}{2}e_1^2 + \delta\left[\bar{e}_2 - E(w_2) - \frac{b_r}{2}e_2^2\right]$$

传播者两期的确定性收入为

$$E_d = E(w_1 - c_{d1}) + \delta E(w_2 - c_{d2}) - \frac{1}{2}\rho\text{Var}(w_1 + \delta w_2)$$
$$= E(w_1) - \frac{b_d}{2}e_1^2 + \delta[E(w_2) - \frac{b_d}{2}e_2^2] - \frac{1}{2}\rho\text{Var}(w_1 + \delta w_2)$$

在委托代理模型中，隐性知识接受者的目标是通过选择 α、β_t，使其确定性等价收入达到最大化，根据以上分析，可以建立如下传播者传递隐性知识模型：

$$\max_{\alpha,\beta_t,e_t} e_1 + \delta e_2 - \frac{b_r}{2}e_1^2 - \delta\frac{b_r}{2}e_2^2 - \frac{b_d}{2}e_1^2 - \delta\frac{b_d}{2}e_2^2 - \frac{1}{2}\rho\text{var}(w_1 + \delta w_2)$$

s.t. (IR1) $E(w_1) - \dfrac{b_d}{2}e_1^2 + \delta[E(w_2) - \dfrac{b_d}{2}e_2^2] - \dfrac{1}{2}\rho\text{Var}(w_1 + \delta w_2) \geq \bar{u}$

(IC1) $\max\limits_{e_1,e_2} E(w_1) - \dfrac{b_d}{2}e_1^2 + \delta[E(w_2) - \dfrac{b_d}{2}e_2^2] - \dfrac{1}{2}\rho\text{Var}(w_1 + \delta w_2)$

(IC2) $\max\limits_{e_2} E(w_2) - \dfrac{b_d}{2}e_2^2 - \dfrac{1}{2}\rho\text{Var}(w_2)$

$$\max_{\alpha,\beta_t,e_2} e_2 - \frac{b_r}{2}e_2^2 - \frac{1}{2}\rho\text{Var}(w_1|\pi_1)$$

$\beta_2 = kE(\pi_2|\pi_1)$ (0 < k < 1)

4.3.4 模型求解

由于本研究假设第 2 期为最后一期,因此该期传播者的努力不会影响以后的隐性知识传递收益,所以为了能够使当期收益最大化传播者在第 2 期的努力需要满足以下条件:

$$e_2 = \frac{\beta_2}{b_d} \tag{4.6}$$

带入目标函数,解得最优一阶条件为

$$e_2 = \frac{1}{b_r + \rho(1-\tau^2)\sigma^2 b_d^2} \tag{4.7}$$

$$\beta_2 = \frac{b_d}{b_r + \rho(1-\tau^2)\sigma^2 b_d^2} \tag{4.8}$$

传播者在第 2 期的努力水平取决于当期激励系数 β_2。传播者和接受者的知识传递能力、传播者的风险规避系数与传播者在第 2 期的努力水平成反比;传播者传播能力的不确定性与传播者在第 2 期的努力水平成正比。

将式(4.5)、式(4.7)代入模型,可解得最优一阶条件为

$$e_1 = \frac{\beta_1}{b_d} + \frac{\delta k^2 \tau}{b_d^2} E(\pi_2|\pi_1) - \frac{\rho \delta^2 k^3 \tau (1-\tau^2)\sigma^2}{b_d} E(\pi_2|\pi_1) - \frac{\rho \delta k \tau^2 \sigma^2}{b_d} \beta_1 \tag{4.9}$$

令 $m = \dfrac{1 - \rho \delta k \tau^2 \sigma^2}{b_d}$,$n = \dfrac{\delta k^2 \tau - \rho \delta^2 k^3 \tau (1-\tau^2)\sigma^2 b_d}{b_d^2}$

将式(4.7)、式(4.9)代入目标函数,可解得最优一阶条件为

$$e_1 = \frac{km^2 + \rho\sigma^2 \beta_2 n - km\rho\sigma^2 \beta_2 \delta\tau}{km^2(b_r + b_d) + k\rho\sigma^2} \tag{4.10}$$

由式(4.10)可以看出,传播者在第 1 期的最优努力水平受到第 1 期的显性激励系数 β_1 以及声誉效应的共同影响。要想有效发挥声誉效应的影响,必须控制传播者的传播成本系数。传播者和接受者的努力成本系数 b_r、b_d 越大,隐性知识传播者在第 1 期的努力程度越小。

4.3.5 模型相关参数分析

1. 声誉机制发挥作用的条件

声誉效应对传播者的知识传递行为所存在的影响需要满足一定条件才能得以发挥。以上研究表明，当满足 $b_d < \dfrac{1}{\rho k \delta (1-\tau^2) \sigma^2}$ 时，声誉效应才能对创业社会网络中隐性知识传递产生有效激励，否则不能发挥作用。

2. 声誉机制的影响因素

由于 n 反映了声誉效应对第1期传播者努力程度的影响，因此可以通过 n 来讨论声誉效应的影响因素。下文在满足声誉效应发挥作用的条件下，分别讨论各因素对声誉效应的影响性。

（1）传播成本系数（b_d）对声誉效应的影响

对 n 求 b_d 的一阶倒数：

$$\frac{\partial n}{\partial b_d} = -2\delta k^2 \tau \frac{1}{b_d^3} + \rho \delta^2 k^3 \tau (1-\tau^2) \sigma^2 \frac{1}{b_d^2}$$

结果表示随着传播者隐性知识传播成本 b_d 的增加，传播者通过知识传递获取的确定性收入减小，降低了声誉效应带来的隐性激励效果，进而使 n 减小。同时 b_d 对 n 的影响力度随着贴现率 δ，影响系数 k，对传播者能力预期的不确定性 τ 的增大而增大。

（2）传播者风险规避系数（ρ）对声誉效应的影响

对 n 求 ρ 的一阶倒数：

$$\frac{\partial n}{\partial \rho} = -\delta^2 k^3 \tau (1-\tau) \sigma^2 b_d$$

结合前文假设，可以看出 ρ 越大表示传播者越不愿意接受未来的不确定性，表示随着传播者绝对风险规避量 ρ 的增大，越不愿意通过增加努力来改善接受者对其传播能力的预期，进而影响声誉效应发挥的作用，使 n 减小。同时 ρ 对 n 的影响力度随着 δ、k、τ、b_d 的增大而增大。

（3）系数（k）对声誉效应的影响

对 n 求 k 的一阶倒数：

$$\frac{\partial n}{\partial k} = \delta k\tau[2 - 3\rho\delta k(1-\tau^2)\sigma^2 b_d]$$

结合前文假设，可以看出 k 对声誉效应激励系数 n 的影响性质受到隐性知识传播成本 b_d 的影响，当 b_d 较小时，知识传播者可以通过知识共享获得显著收益，所以随着 k 的增大传播者越愿意通过前期努力来获得更高的知识传递激励收益，因此 n 增大；但是当 b_d 较大时，传播成本会抵消系数 k 所带来的激励作用，因此不再影响声誉效应；如果 b_d 过大，k 还会对 n 产生负面的影响。

（4）贴现率（δ）对声誉效应的影响

对 n 求 δ 的一阶倒数：

$$\frac{\partial n}{\partial \delta} = \frac{k^2\tau}{b_d^2}$$

结合前文假设，可以看出随着 δ 的增大，传播者对未来通过创业社会网络获得收益的预期的提高，越愿意通过建立声誉获取传播收益，所以声誉效应发挥的作用越显著。δ 对 n 的影响力度随着声誉效应影响系数 k，对传播者能力预期的不确定性 τ 的增大而增大。

（5）传播者能力的不确定性（τ）对声誉效应的影响

对求的一阶倒数：

$$\frac{\partial n}{\partial \tau} = \frac{\delta k^2}{b_d^2}[1 - \rho\beta k\sigma^2 b_d(1-3\tau^2)]$$

结合声誉效应发挥作用的基本条件，可以看出随着对传播者能力预期的不确定性 τ 的增加，传播者为形成信任关系，越愿意通过增加努力来提高个人声誉，进而使 n 增大。

创业社会网络各参数对声誉效应的影响见下表。

创业社会网络各参数对声誉效应的影响

代表参数	社会网络因素	影响
b_d	网络强度、同质性、信任机制	b_d 越小，声誉效应发挥作用的可能性越大，且随着 b_d 的减小，声誉效应越明显
b_r	网络强度、同质性、信任机制	随着 b_r 的减小，声誉效应越明显

续表

代表参数	社会网络因素	影响
β	激励机制，网络氛围	隐性知识传递激励制度中越重视当期产出对收益的影响，β 越大 k 对声誉效应的作用受到 b_d 的影响。当 b_d 较小时，随着 k 的增大，声誉效应作用增大；但是当 b_d 较大时，传播成本会抵消系数 k 所带来的激励作用，因此不再影响声誉效应；如果 b_d 过大，k 还会对 n 产生负面的影响
k	激励机制，网络氛围	
ρ	信任机制，网络氛围	随着 ρ 的增大，声誉效应越被抑制
δ	信任机制，网络氛围	随着 δ 的增大，声誉效应越明显
τ	信任机制，网络氛围	随着 τ 的增大，声誉效应越明显

4.4 本章小结

本章分析创业社会网络对创业知识传递意愿的影响，从显性知识、隐性知识等角度出发，辨析创业社会网络影响不同类型知识传递意愿的主要因素。通过建立改进委托代理模型，分析创业社会网络各个因素对隐性知识传播者知识传递意愿的影响。研究表明，促使隐性知识传递过程中声誉机制发挥作用，传播者的传播成本、风险规避系数、对传播者能力预期的不确定性、声誉效应影响系数和贴现率要满足一定的条件，同时不同的因素对隐性知识传播意愿的影响性质和影响力度各不相同。为改善隐性知识传递意愿，要对创业社会网络的强度、异质性、治理机制和制度及氛围等角度进行设计和改善。

为明确地探究社会网络各因素对隐性知识传递意愿的影响程度和激励效果，在第7章对问卷调查的数据进行实证分析，探讨社会网络关系、异质性、强度、信任机制对隐性知识传递意愿的影响，讨论社会网络中建立的知识传递的奖惩制度与创业氛围对该过程的影响，为最终的激励机制提供理论和实证依据。

第5章 创业社会网络对创业信念学习意愿的影响分析

第4章讨论了创业社会网络因素对创业显性及隐性知识传递意愿的影响。本章在回顾相关理论的基础上定性和定量地讨论了创业社会网络的主要特征要素对创业信念学习意愿的影响。首先分析创业社会网络影响信念学习的主要因素，讨论了在创业社会网络中利用演化博弈方法分析信念学习的可行性，建立了收益与进化阶段相关联的动态演化博弈模型，分析创业社会网络影响信念学习的主要因素，从信念学习奖惩机制出发，讨论了罚金制度对创业信念学习的影响性。为后文的实证模型构建与假设的提出奠定了理论基础。

5.1 创业社会网络影响信念学习意愿的因素分析

网络组织是个人或群体为了达到某种目标而形成的特定的社会关系模式，它们可以促使组织成员更好地适应知识社会和信息经济的发展。物质交换和信息交换易于观察和理解，而能量交换涉及隐性知识、愿景、文化等深层次的内涵转换。能量交换通常只能通过默许的方式进行，主要依赖于交换主客体之间的互动行为和默契关系获得，因此通过社会互动可以更好地理解网络组织中的能量交换行为。社会互动发生在以某种方式或因某种共同属性而联系在一起的人群之间，网络组织成员之间通过社会互动进行文化传递，也就是通过学习塑造人的偏好，这是社会力量影响个人行为的最基本方式。学习成为个体在网络组织中得以生存的重要因素，为网络组织中的能量交换奠定了基础条件。社会网络影响信念学习的因素主要体现在以下四个方面：

1. 社会心理

在社会网络中进行信念学习本质上就是一种社会互动行为，因此社会心理必然会对信念学习产生影响。从众就是一种重要的社会心理，在本质可以视为是个体由于受到某种社会影响而产生的适应性行为反应。从众行为是个体处理与群体关系或与情境关系的一种方式，是个体自我调节、适应社会环境的一种普遍心理机制。在社会网络的信念学习过程中，如果大多数人选择接受信念学习，那么迫于这种压力，知识转移主体为了能够适应环境也会积极地选择进行信念学习，反之就会拒绝信念学习。

2. 学习成本

从众心理会引导个体选择信念学习，但是个体最终是否进行信念学习还受到学习成本的影响，如果学习成本高于不从众带来的成本，那么理性的个体最终还是会拒绝信念学习行为。所以学习成本是影响信念学习的一个最后因素。在知识和技术相对简单的时代，由于学习过程相对容易，学习成本很低，在一定程度上可以忽略学习成本对经济活动的影响。然而随着知识与技术的日新月异，知识在数量上飞速增加，在难度上不断增大，知识的学习过程将会耗费更多的人力、物力和财力，因此学习成本成为影响经济活动的重要因素。学习成本包括学习者理解、消化、吸收的时间成本以及组织学习的工具、设施和管理费用。学习者接受、理解、吸收、掌握新知识一定要耗费资源，其中学习时间是主要表现形式，学习过程所耗费的时间也应该视作机会成本。同时学习过程需要投入一定的工具和设备，包括显性知识学习的场地、设施费用，隐性知识学习的工具、设备费用，也包括现代知识管理中的知识工具和知识技术费用等。

3. 学习收益

如果信念学习不产生收益那么就失去了学习行为存在的前提。通过信念学习，个体可以吸收更多有效的知识、形成特定的价值观，塑造行为决策偏好，因此信念学习能够为学习者带来特定的学习收益。如果学习者可以吸收并掌握新知识，就可以将其投入新的生产活动产生创造性收益；如果学习者由于社会互动形成了有效的价值观和决策偏好，可以有助于学习者识别高价值的创业信息，搜寻创业机会，进行合理的决策判断。

4. 奖惩制度

在社会心理的影响下信念学习可以主动发生，但是要促使信念学习行为的产生还需要社会网络中建立一定的管理制度。奖惩制度对信念学习意愿能够产生最直接的影响，在创业社会网络内如果能够对积极的信念学习行为进行奖励，就能够在一定程度上降低学习成本对学习者的影响，通过提高信念学习收益提升信念学习意愿；在创业社会网络内如果能够对拒绝信念学习行为进行惩罚，并设置合理的罚金，就能通过增大拒绝学习成本的方法推动个体选择信念学习的决策。因此奖惩机制是影响信念学习意愿的重要因素之一。

通过以上分析，可以看出社会网络对信念学习具有直接影响，要分析这种影响力，首先要基于社会互动的社会心理，考虑从众等心理因素对学习者学习行为的引导作用，同时结合学习过程产生的收益与成本展开。本节对社会网络对信念学习效果的影响分析主要从以上各类感知要素入手，利用从众效应产生的行为引导来表示信念学习的收益函数，将社会网络的关系、结构和信任机制抽象为各种参数，同时结合演化博弈模型，建立信念学习演化动态博弈模型，并分析了没有惩罚机制和具有惩罚机制背景下该模型的不同演化结果，讨论社会网络对信念学习的影响机理。

5.2 利用演化博弈分析信念学习的可行性

信念学习在获取知识，提升认知和身体技能方面具有重要而基础的地位，与一般学习方式相比较，信念学习更有助于学习者产生创新性的思想，培养组织凝聚力，共享组织文化。信念学习的目标不仅是通过知识共享弥补自身知识缺口，而且从文化角度出发，促进网络组织内的能量交换。信念学习是指局中人依据自己的判断来做出"最大收益"或者说是"效益最大"的行动的选择，博弈双方都会从对手策略历史来判断博弈支付矩阵的结构从而形成有关对手未来策略的信念或者判断，是博弈双方信念建立的过程。信念学习在相对持久的过程中通过重复发生而引起行为的改变，在反复互动的过程中不断进行决策以达到稳定状态，因此使用演化博弈分析方法可以很好地拟合信念学习的行为特征。演化博弈基于有限理性假设，引入复制动态和学习机制，描述了个体在重复博弈过程中不断进行策略调整最终达到稳定状态的过程。目前许多研究应用演化博弈模型探讨了知识转移存在的稳定状态以及影响稳定状态的主要因素。刘良灿等从互惠性偏好角度出发改进了博弈双方的收益矩阵，发现选择进行互惠性知识转移策略是隐性知识转移的稳定均衡状态。刘臣等构建了知识共享的进化博弈收益矩阵，证明知识差异、激励策略、知识网络的结构和重要个体对知识共享水平有重要影响。陈萍等建立了不同网络关系强度下知识共享的对称进化博弈模型，发现强关系、高共享收益有利于知识传递。但是纵观目前的研究可以发现这些研究在假设上有着一个共同之处，即博弈双方在整个博弈过程中收益固定不变。

信念学习收益函数会随着演化阶段发生变化，主要原因是个体在网络组织的信念学习中会受到各种社会心理的影响。社会心理影响能量传递的最典型表现就是从众效应。从众的原因：一是获得信息。网络组织中信念学习策略的参与者比例越高，个体通过信念学习可以获得的能量传递就越多，从而吸引更多的个体选择该策略。从众有助于从网络组织中获取更多能量，产生更大的边际效用。二是避免惩罚。信任机制是协调网络组织关系的主导力量，为基于社会互动的文化传递创造了沟通条件，为知识接受方提供了知识有效性和获取知识难易程度的判断基础。如果个体与大多数人的行为不一致，就无法建立信任关系，增加了信念学习的障碍。从众可以使行为人减少脱离社会规范产生的成本，因此个体在决策时更容易受到群体中其他人的影响，表现为如果中大多数人都选择信念学习策略，则个体将更加努力地进行信念学习，反之如果大多数人拒绝进行信念学习，则个体进行信念学习的动机和努力程度均会降低。由此可见网络组织中的个体进行信念学习的努力程度受到信念学习策略的参与者比例的影响，因此即便个体做出同样的决策，由于做出选择的时间不同，信念学习策略的参与者比例不同，所产生的信念学习收益和成本就不相同。

5.3 信念学习演化博弈模型的构建

5.3.1 信念学习的收益及成本函数分析

个体在网络组织中通过社会互动进行信念学习可以获得收益并产生成本。本研究假设信念学习收益可以表示为 $w(y)=\alpha+\beta y$，其中 α 为由于学习者的特质产生的固定学习收益，β 为努力收益系数，$\beta>0$。

学习过程需要耗费的时间和各种资源，构成学习成本。学习成本包括学习者所付出的努力（例如在理解、消化与吸收上所花的时间）以及学习的固定投入（例如工具、设施和管理费用等）。其中学习的固定投入是与努力程度无关的固定成本，本研究假设信念学习成本可以表示为 $c(y)=\dfrac{\lambda y^2}{2}+\gamma$，其中 λ 为学习者的努力成本系数，$\lambda>0$，γ 为固定学习成本。信念学习的净收益可以表示为信念学习收益减去成本的净值。

如果学习者没有能够从信念学习中获取学习收益，那么信念学习净收益可以视为信念学习成本，前文分析显示在从众效应等社会心理因素的影响下，个体总是避免因为脱离社会规范而产生成本，因此个体进行信念学习的努力程度受到信念学习策略的参与者比例的影响。假设信念学习的努力程度与群体中信念学习策略的参与者比例呈线性关系，即 $x=ky$，k 代表他人策略影响系数，$k>0$。将其分别代入式（5.1）和式（5.2），可得

$$A(x)=-\dfrac{\lambda k^2 x^2}{2}+\beta kx+\alpha-\gamma$$

$$B(x)=-\dfrac{\lambda k^2 x^2}{2}-\gamma$$

为了方便讨论，对信念学习的净收益进行如下简化：

$$A(x)=-ax^2+ex+f \tag{5.1}$$

$$B(x)=-ax^2-h \tag{5.2}$$

其中 a 为他人策略影响下的努力成本系数，e 为他人策略影响下的努力收

益系数，h 为固定成本，f 为固定净收益，$a, e, f, h \in R$，且 $a, h, e > 0$。

5.3.2 模型的基本假设

个体在网络组织中通过社会互动进行包括隐性知识、愿景、文化的能量交换。由于博弈双方理性的有限性，信念学习过程需要经过不断试错和选择来寻找较好的策略直至达到均衡，并在一个较长时间的学习和模仿中反复进行。每次信念学习博弈都在网络组织的个体间随机配对反复展开，假设信念学习双方在学习过程中地位是完全均衡对等的，具有相似的社会特征和学习能力，即双方信念学习成本和收益函数是相同的。博弈双方均有两种策略可以选择：接受信念学习或者拒绝信念学习。当博弈方发现接受信念学习的收益高于拒绝信念学习时，就会选择接受信念学习策略，否则拒绝信念学习策略。该演化博弈过程的收益分析如下：

当双方均采取信念学习策略时，双方的净收益为 $A(x) = -ax^2 + ex + f$；当博弈方 1 采取信念学习策略，而博弈方 2 拒绝该策略时，博弈方 1 的净收益为 $B(x) = -ax^2 - h$，博弈方 2 的净收益为 0；当双方均拒绝采取信念学习策略时，净收益均为 0。由于个体信念学习具有从众性特点，博弈双方的净收益可以表示为信念学习策略参与者比例的函数。

基于以上假设，可以构建信念学习收益与信念学习策略参与者比例相关的对称演化博弈模型。使用信念学习策略的参与者比例作为演化过程的衡量指标，表示博弈群体中采取信念学习策略（Y）的人群比例，$0 \leq x \leq 1$，$(1-x)$ 表示博弈群体中拒绝信念学习策略（N）的人群比例。该对称演化博弈矩阵可以用表 5-1 表示。

表 5-1 收益与进化阶过程相关的对称进化博弈

策略		博弈方-2	
		策略-Y	策略-N
博弈方-1	策略-Y	$A(x), A(x)$	$B(x), 0$
	策略-N	$0, B(x)$	$0, 0$

当博弈双方采取两种不同的策略时,各自的期望得益和群体平均期望得益分别为

$$U_Y = A(x)x + B(x)(1-x)$$
$$U_N = 0 \tag{5.3}$$
$$\overline{U} = xU_Y + (1-x)U_N = xU_Y$$

当 $a=e=0$ 时,以上演化博弈就转化为一般的对称演化博弈模型。因此以上演化博弈模型是对称演化博弈的更一般形式,信念学习收益与 Y 策略参与者比例相关的对称演化博弈是它的特例。

对于采取 Y 策略的博弈方而言,根据演化博弈的复制动态公式,Y 策略的参与者比例动态变化速度可以用如下微分方程表示:

$$\frac{dx}{dt} = x(U_Y - \overline{U}) = x(1-x)U_Y = x(1-x)[(-ax^2 + ex + f)x + (-ax^2 - h)(1-x)]$$

当复制动态方程达到稳定时,有 $\frac{dx}{dt} = 0$。根据以上描述,该复制动态方程可能存在以下稳定状态:

① $x^* = 0$,即所有的博弈方都采用 N 策略。

② $x^* = 1$,即所有的博弈方都采取 Y 策略。

③ $x^* = \dfrac{-(f+h) \pm \sqrt{(f+h)^2 + 4(e-a)h}}{2(e-a)}$,且满足 $0 < x^* < 1$。

5.3.3 演化策略的稳定性分析

为了分析演化策略的稳定性,对 Y 策略的参与者比例动态变化速度的微分方程进行求导:

令 $\dfrac{dx}{dt} = F(x)$,则

$$F'(x) = (1-2x)[(-ax^2 + ex + f)x + (-ax^2 - h)(1-x)] + (x - x^2)[2x(e-a) + (f+h)]$$

可以计算出:$F'(0) = -h$,$F'(1) = -(e - a + f)$。

（1）当$e-a<0$，$f+h<0$时，此演化博弈仅存在一个进化稳定策略$x=0$，即如果信念学习的努力收益小于努力成本，且固定收益小于固定成本，经过多次博弈之后，没有人选择信念学习。

（2）当时$e-a<0$，$f+h>0$如果$e-a+f>0$，信念学习是否发生取决于p^0，p^0表示初始策略Y的选择比例，当$0<p^0<\xi_1$时，该演化博弈稳定于$x_1=0$，即当努力收益与固定收益之和大于努力成本，如果初始合作参与度较低，则经过多次博弈后，最终没有人接受信念学习；当$\xi_1<p^0<1$时，该演化博弈稳定于$x_2=1$，即如果初始合作参与度较高，则最终全部人接受信念学习。如果$e-a+f<0$时，当$0<p^0<\xi_1$时，该演化博弈稳定于$x_1=0$，即当努力收益与固定收益之和小于努力成本，如果初始合作参与度较低，经过多次博弈，最终没有人接受信念学习；当$\xi_1<p^0<1$时，该演化博弈稳定于$x_2=\xi_2$，即如果初始合作参与度较高，经过多次博弈后，最终会有δ_2比例的人接受信念学习。

（3）当$e-a>0$，$f+h>0$时，p^0表示初始策略Y的选择比例，则$e-a+f>0$时，当$0<p^0<\xi_1$时，该演化博弈稳定于$x_1=0$，即当努力收益与固定收益之和大于努力成本，如果初始合作参与度较低，则最终没有人接受信念学习；当$\xi_1<p^0<1$时，该演化博弈稳定于$x_2=1$，即初始合作参与度较高，则最终全部人接受信念学习。$e-a+f<0$时，即当努力收益与固定收益之和小于努力成本，此博弈的进化稳定策略仅有$x=0$，也就是经过多次博弈后，没有人进行信念学习。

（4）当$e-a>0$，$f+h<0$时，p^0表示初始策略Y的选择比例则：若$e-a+f>0$，该演化博弈状态由p^0决定，分别稳定于$x_1=0$或$x_2=1$。若$e-a+f<0$，该演化博弈稳定于$x=0$。

5.3.4 影响信念学习参与者比例的因素分析

上述分析显示，网络组织内信念学习演化博弈的可能稳定状态是由信念学习收益、成本函数中各参数的关系所决定。如果满足$e-a+f>0$，该系统将向全体选择N策略或者部分选择Y策略两种状态演化，如果满足$e-a+f<0$，

该系统将向全体选择 N 策略或者全体选择 Y 策略两种状态演化。演化的结果取决于系统初始时选择 Y 策略的人数比例 $p = \dfrac{-(f+h) + \sqrt{(f+h)^2 + 4(e-a)h}}{2(e-a)}$，下文主要探讨 h、f 对全体选择 N 策略的概率的影响。

（1）固定成本的影响

当其他因素一定时，p 对 h 求二阶导，可得

$$\frac{\partial p}{\partial h^2} = \frac{-2(e-a+f)}{[(f+h)^2 + 4(e-a)h]^{3/2}} \tag{5.4}$$

说明当其他影响因素一定时，存在一个最优固定成本使 N 策略演化的概率取极值。当信念学习成本系数较低时，最优固定成本使 N 策略演化的概率存在最大值；当信念学习成本系数较高时，最优固定成本使 N 策略演化的概率存在最小值。

（2）固定净收益的影响

当其他因素一定时，p 对 f 求二阶导，可得

$$\frac{\partial p}{\partial f^2} = \frac{4(e-a)h}{[(f+h)^2 + 4(e-a)h]^{3/2}} \tag{5.5}$$

说明当其他影响因素一定时，存在一个最大固定收益使 N 策略演化的概率取极值。当信念学习成本系数较低时，最大固定收益使 N 策略演化的概率存在最小值；当信念学习成本系数较高时，最大固定收益使 N 策略演化的概率存在最大值。

5.4 惩罚机制下的信念学习演化博弈模型

5.4.1 惩罚机制下的信念学习演化博弈模型假设

信念学习收益与 Y 策略参与者比例相关的动态演化博弈模型可能存在三个稳定状态 $x=0$，1，ξ_2。由于信念学习存在固定成本，所以在任何情况下，拒绝信念学习必然成为该演化博弈的稳定状态之一，而该演化博弈是否能稳

定于接受信念学习策略取决于带有很大偶然性的初始状态。学习是网络组织的重要功能，通过信念学习进行知识与技能的共享有利于组织成员发挥创造性，推动组织创新。因此有必要探索在网络组织中通过建立何种机制有助于促进成员间进行信念学习。

在以上的分析基础上，假设网络组织中的个体着眼于长期合作关系，为了能够促进网络组织成员选择Y策略，还需要考虑除了信念学习收益以外的约束机制。如果博弈方选择N策略则应当受到惩罚，g（$g>0$）表示不合作的惩罚金额，此时博弈双方进行信念学习的收益矩阵见表5-2。

表5-2　惩罚机制下收益与进化阶过程相关的对称进化博弈

策略		博弈方-2	
		策略-Y	策略-N
博弈方-1	策略-Y	$A(x), A(x)$	$B(x), -g$
	策略-N	$-g, B(x)$	$-g, -g$

当博弈双方采取两种不同的策略时，各自的期望得益和群体平均期望得益分别为

$$\begin{aligned} U_Y &= A(x)x + B(x)(1-x) \\ U_N &= -gx - g(1-x) \\ \overline{U} &= xU_Y + (1-x)U_N \end{aligned} \quad (5.6)$$

对于采取Y策略的博弈方而言，根据演化博弈的复制动态公式，Y策略的参与者比例动态变化速度可以用下列微分方程表示：

$$\frac{\mathrm{d}x}{\mathrm{d}t} = x(U_Y - \overline{U}) = x(1-x)(U_Y - U_N) = x(1-x)[A(x)x + B(x)(1-x) + g] \quad (5.7)$$

令 $\dfrac{\mathrm{d}x}{\mathrm{d}t} = F(x)$，则

$$F'(x) = (1-2x)[(-ax^2 + ex + f)x + (-ax^2 - h)(1-x) + g] + (x - x^2)[2x(e-a) + (f+h)]$$

可以计算出：$F'(0) = g - h$，$F'(1) = -(e + f + g - a)$。

如果$g - h > 0$，即惩罚金额大于信念学习的固定成本，则$F'(0) > 0$，根

据微分方程稳定性定理,该动态演化博弈的稳定策略不可能为 $x=0$,网络群体中必然有个体选择 Y 策略并达到某种稳定状态,下面在 $g-h>0$ 的前提下讨论惩罚机制下信念学习演化博弈的稳定策略。

5.4.2 惩罚机制下的演化策略的稳定性分析

(1) 当 $e-a<0$, $f+h>0$, $e+f+g-a>0$ 时,该演化博弈稳定于 $x=1$,即如果固定收益、努力收益与不合作罚金之和大于努力成本,则经过多次博弈后,所有人都会选择信念学习;$e+f+g-a<0$ 时,该演化博弈稳定于 $x=\xi_2$,即如果固定收益、努力收益与不合作罚金之和小于努力成本,则经过多次博弈后,最终会有 δ_2 比例的人接受信念学习。

(2) 当 $e-a<0$, $f+h<0$ 时,若 $e+f+g-a>0$,该演化博弈稳定于 $x=1$;若 $e+f+g-a<0$,该演化博弈稳定于 $x=\xi_2$。理由同上。

(3) 当 $e-a>0$, $f+h>0$ 时,该演化博弈稳定于 $x=1$,即如果努力收益大于努力成本,固定收益大于固定成本,则经过多次博弈后,最终所有人都会进行信念学习。

(4) 当 $e-a>0$, $f+h<0$ 时,①若 $e+f+g-a>0$,当 $0<p^0<\xi_1$ 时,该演化博弈稳定于 $x_1=\xi_2$,即如果固定收益、努力收益与不合作罚金之和大于努力成本,如果初始合作参与度较低,则经过多次博弈后,最终会有 δ_2 比例的人接受信念学习;当 $\xi_1<p^0<1$ 时,该演化博弈稳定于 $x_2=1$,即如果初始合作参与度较高,则最终全部人接受信念学习。②若 $e+f+g-a<0$,该演化博弈稳定于 $x=\xi_2$,即如果固定收益、努力收益与不合作罚金之和小于努力成本,则经过多次博弈,最终会有 δ_2 比例的人接受信念学习。

5.4.3 罚金对信念学习策略参与者比例的影响

上述分析显示,网络组织中信念学习演化博弈的可能稳定状态是由信念学习收益、成本函数中各参数以及罚金的关系所决定。如果满足 $e+f+g-a>0$,该系统将向全体或者部分选择 Y 策略两种状态演化,如果满足 $e+f+g-a<0$,该系统将向部分选择 Y 策略的状态演化。下文主要探讨 g 对演化为部分选择 Y

策略的人数比例的影响。令 $p' = \dfrac{-(f+h) - \sqrt{(f+h)^2 - 4(e-a)(g-h)}}{2(e-a)}$，当其他因素一定时，$p'$对$g$求导，可得

$$\frac{\partial p'}{\partial g} = \frac{1}{\sqrt{(f+h)^2 - 4(e-a)(g-h)}}$$

当 $\dfrac{\partial p'}{\partial g} > 0$，说明随着罚金的提高接受 Y 策略的人群比例会不断增大。

创业社会网络各参数对信念学习的影响见表5-3。

表5-3 创业社会网络各参数对信念学习的影响

代表参数	社会网络因素	影响
β	制度及氛围	β越高，越容易促进信念学习
λ	关系强度，同质性，信任机制	λ越低，越容易促进信念学习
$\gamma(h)$	制度及氛围	γ越小，越容易促进信念学习
k	关系强度，同质性，信任机制	k越大，越容易促进信念学习
e	关系强度，同质性，信任机制	e越高，越容易促进信念学习
a	关系强度，同质性，信任机制	a越低，越容易促进信念学习
g	制度	g越高，越容易促进信念学习

5.4.4 社会网络因素对信念学习的影响性分析

第一，在没有惩罚机制的情况下，网络组织内信念学习的稳定策略依赖于学习者收益、成本系数的关系，如果学习者的努力成本系数大于努力收益系数与净收益之和，那么该系统将向全体都拒绝信念学习或者部分选择信念学习策略两种状态演化。如果学习者的努力成本系数小于努力收益系数与净收益之和，那么该系统将向全体都拒绝信念学习或者全体接受信念学习策略两种状态演化，演化的结果取决于系统的初始状态，即初始选择信念学习策略的人数比例。在演化过程中，存在最优固定成本和最优净收益使拒绝互动策略演化的概率取极值；

第二，在引入了惩罚机制后，如果罚金小于信念学习的固定成本，依然无法改变系统的演化结果，但是由于"不合作"的成本上升，系统演化至双方都拒绝信念学习策略的概率有所下降；

第三，在引入了惩罚机制后，且罚金大于信念学习的固定成本时，惩罚机制可以有效地抑制信念学习中机会主义倾向，通过增大不合作的成本促进个体选择信念学习策略。如果学习者的努力成本系数大于努力收益系数、净收益与罚金之和，那么该系统将向部分选择信念学习策略状态演化。如果学习者的努力成本系数小于努力收益系数、净收益与罚金之和，那么该系统将向全体或者部分选择信念学习策略两种状态演化，演化的结果取决于系统的初始状态，随着罚金的增加，系统演化至全部接受信念学习策略的概率不断增大。

由此可知，网络组织成员进行信念学习时，从众等社会心理效应使个体决策受到群体决策的影响。学习者的努力收益系数、努力成本系数、固定收益、固定成本、罚金以及他人策略影响系数是影响信念学习合作关系演变的重要参数。

5.5 本章小结

本章从创业信念学习角度讨论了创业警觉性形成过程，分析了创业社会网络对信念学习意愿的影响过程。利用演化博弈的分析方法，结合创业社会网络中信念学习的特点，建立了收益与进化过程相关的动态演化博弈模型，研究了信念学习行为演化的动态过程，分析了创业社会网络的关系、结构及信任机制对信念学习过程的影响作用。通过本章分析可以看出，创业社会网络对信念学习的影响是多角度、多类型的，不同因素的影响机制和力度各有不同。研究发现，社会网络的强度、情感信任、异质性、社会网络中创业制度和氛围均影响了信念学习的意愿。

在随后的章节，将基于本章的研究结论建立相关假设，并通过问卷调查的数据进行实证分析，探讨社会网络的异质性、强度、信任机制对隐性知识传递意愿和信念学习的影响，以及社会网络中所建立的知识传递和信念学习的奖惩制度与创业氛围对该过程的影响作用。

第6章　创业警觉性影响因素假设的提出与问卷设计

第4和第5章从理论角度探讨创业社会网络对隐性知识传递和信念学习的影响，研究发现通过改善创业社会网络成员关系、创建同质化平台、培育信任机制、构建考核、激励机制、改善创业氛围有利于提升创业网络内的隐性知识传递和信念学习意愿，进而促使大学生的创业警觉性的发展，这些影响因素均与创业社会网络的关系、结构特征、治理机制和政策氛围密切相关，因此本研究的核心假设将从创业社会网络的关系、规模、异质性、信任机制和制度四个角度展开。

第4和第5章通过理论分析得到社会网络、创业学习、创业政策与创业警觉性相互关系的较为宏观的认识，理论分析的结论为实证研究提供了重要的指导。基于此，本章在回顾前人研究的基础上，结合第4和第5章理论分析的基本结论，将核心假设进行进一步拓展、细化，并构建实证研究的概念模型，并据此进行问卷的设计。本章的研究工作包括：第一，结合目前创业警觉性的研究现状，提出从宏观、微观两个角度进行实证研究的基本思路；第二，回顾显性知识传递、隐性知识传递、信念学习以及创业警觉性相关领域的文献，结合创业社会网络对显性、隐形知识传递意愿、信念学习意愿的影响分析，提出本研究模型的基本假设和概念模型；第三，根据研究的重点内容，结合之前学者的调查问卷，进行本研究的问卷设计。

6.1 创业警觉性的宏观和微观影响因素分析

关于创业警觉性的既有研究主要集中在维度构成及与机会发现之间的作用机理上，鲜有研究从创业警觉性水平的影响因素出发讨论其形成过程，究其原因，创业警觉性是一个相当抽象的概念，横跨心理学、认知学、管理学等学科，同时也是一个和创业者个体密切相关的概念，具有高度的主观性及内隐性。既有研究在创业警觉性影响因素上首先关注个体差异对警觉性的影响。创业者的个体差异体体现在个性特质、具备的知识及能力、认知模式等方面。在个性特质对创业警觉性的影响上，不同特质的创业者对信息的收集分析能力和创业机会的识别判断能力不同，表现为不同特质创业者的创业警觉性具有明显差异。个人特质和创业者与外部环境的交融有助于创业者提高创业警觉性，在既有知识与能力对创业警觉性的影响上，创业机会需要创业者积极地促动和识别，其对知识警觉性和识别开发能力基于自身知识存量和信息差异，这种差异导致对创业机会识别能力的差异。

综合来看，即使研究者从不同的研究角度进行创业警觉性影响因素的分析，但是这些影响因素都包括创业者特质、先前知识与经验、社会网络、认知模式等。微观来看，创业社会网络是创业者获取创业信息、学习经验的重要渠道，社会网络中的其他群体通过社会互动影响创业者的行为和决策模式。宏观来看，不同国家和地区具有相似特质的创业者面对相似的创业信息所做出的反应不同，说明创业者所处的创业文化氛围与政策也影响着创业警觉性。所以在分析创业者警觉性的影响因素时可以分别从微观、宏观两个层面出发。

（1）微观环境是指从创业者个体出发，讨论创业者所处的社会网络对个体创业所带来的影响，体现在三个方面：①通过社会网络，创业者可以获取大量、新颖、创业相关的信息和资源，经常与他人讨论资源的可获得性，创业战略和业务问题的解决可以让创业者对可能出现的机会保持更高的警觉性；②社会网络群体中的亲密关系有助于促进网络内部高价值信息和隐性知识的传递，通过指导和帮助创业者增强其各种创业能力；③社会网络通过社会互动效应塑造行为人的偏好影响创业者的行为和决策，表现为信念学习。

（2）宏观环境是指创业者所处的社会创业氛围、制度，对创业者带来的影响体现在两个方面：①从文化氛围来看，创业文化体现了创业价值观，创业价值观反映了社会及地区对创业活动的认可程度，创业价值观也影响了创业者所具备的创新精神，在不同的创业文化氛围下，创业者形成的创业价值观有所差异，从而影响创业活动的开展；②从制度来看，技术、财税、信贷以及基础设施的支持政策，有助于新企业的生存和发展，增加创业机会。政府为创业者提供项目及技术支持，可以帮助新创企业发掘商业机会、构建合作联盟促进创业活动；政府给予新创企业更多的税费减免和补贴政策，能够有效地降低创业成本；如果创业者可以从政府或其他金融机构较容易获得贷款担保将鼓励更多的人选择创业；政府加强创业园区的建设，提供水、电、交通等创业条件就能减轻创业压力，使创业者将精力更有效地投入创业活动。

通过以上分析可以看出，创业者在创业过程中身处的微观环境通过信息与知识的传递以及信念学习影响创业警觉性，宏观环境的制度、氛围影响着知识的传递意愿以及信念学习意愿。因此在分析创业警觉性的形成机制时需要同时考虑微观、宏观因素的共同作用，系统分析创业警觉性形成的过程。

6.2 实证研究假设的提出与概念模型的构建

6.2.1 微观层面

社会网络分析是研究社会结构的一种方法，目前被广泛应用于创业活动领域的研究，创业社会网络显著影响着创业者的活动。目前社会网络的理论研究主要从以下两个层面进行，即网络关系研究和网络演变过程研究。社会网络关系研究主要基于网络节点的规模、强度、密度和异质性等特征讨论社会网络对人类行为的影响过程；社会网络演变研究包括网络的复制演进模式和基于结构空洞的重构模式。总体看来，强弱联结、社会资本和结构空洞理论构成了社会网络的三大核心理论，网络规模、异质性和关系强度反映社会网络的关系和结构特征，信任机制反映社会网络的机制，因此本研究选择创业社会网络的规模、强度、异质性和信任机制反映出大学生创业者社会网络的基本特征。

1. 社会网络对知识传递、信念学习意愿的影响

（1）网络规模。社会网络通过为创业者提供创业信息与资源带来创业机会。法国学者 Bourdieu 于 20 世纪 70 年代提出社会资本理论，将社会网络视为可以带来竞争优势的资源。社会网络的规模对创业者可获取的社会资本量具有重要影响。网络规模反映个体可以从网络中获得异质性信息和资源的能力。随着网络规模的扩大，网络节点能够跨越关系的多元性、多样性以及异质性，扩大知识广度，增加所转移的显性知识的质和量，一个在弱关系中生成的简单信息或知识有可能触发新的认知。因此如果社会网络规模较大，其网络成员获得的网络联系就比较多，有更多的机会获取其他成员的创业知识；如果社会网络规模较小，则网络成员从网络中进行网络联系的数量就比较少，可能在这个网络中就无法找寻所需要的知识，从而影响知识传递意愿。但是也有研究显示网络规模对创业者带来的正面影响并不是线性的，Lecher 等的研究表明当网络特征超过某一临界点时，社会网络会给团队效能带来负面影响，即团队网络特征对团队知识转移或团队效能存在倒 U 型作用。网络规模过大会给创业者的创业行为带来负面影响，这是因为信息过多会产生信息疲劳。由于人的能力、精力都是有限的，注意力只能分配于有限多的活动，如果执行了过多的活动，必然会降低效率和质量。随着网络规模的扩大，创业者能够接触到的信息也就更多，如果在数量上超出了注意力分配的有限范围就会产生对创业信息的疲劳，在筛选有效的创业信息时就会应接不暇，降低注意力的活力，影响创业者的分析和判断能力。特别是在网络环境中，随着信息量爆炸式增多，信息种类更为纷杂，信息的真实性更加不确定，创业者更容易产生信息疲劳，因此社会网络规模对创业者的行为会带来双面影响。

第一，社会网络规模创业警觉性的影响是双面的。警觉是注意力形成的一个必要条件，当创业者开始进行信息搜索时，希望尽可能扩大搜索范围，获取全部有效的资源。但是当所接触的信息范围超出注意力承受的限度就会导致信息的选择、接收机制失灵，无法有效地进行分析和辨别。因此在创业社会网络内部，刚开始随着社会网络规模的增大，创业者能够获取更丰富、更新颖的创业资源，产生更高的信息敏感性，从而提高创业者搜寻、解读信息的能力，从而提升创业警觉性；但是如果网络规模超出一定的范围，就会抑制外部信息对创业者的刺激作用，从而减弱创业警觉性的产生。

第二，网络规模对显性知识传递意愿的影响是双面的。由于显性知识是经过编码的、记录在物质载体上的知识形式，信息网络是显性知识的理想转移通道，语言、符号和软件系统在知识转移过程中扮演着重要的媒介作用。在调研中，我们发现当代大学生所接触的显性信息更多源于网络渠道。在网络环境下，信息疲劳现象更为突出。因此在创业者从网络获取显性知识的初期，随着网络规模的增大，知识转移主体可以接触并搜索到更多的信息与显性知识，并通过知识相互转移行为收获可供自己利用的其他知识，所以提升显性知识传递意愿。但是随着网络规模的继续增大就会产生信息疲劳，创业者通过创业网络进行显性知识学习的能力反而有所下降，阻碍了传播者进一步传递显性知识。

第三，网络规模对隐性知识传递意愿的影响是双面的。相对于显性知识而言，隐性知识隐藏在个体中，难以被编码化。如果继续采用显性知识转移思路则无法有效分析隐性知识的转移行为。因此网络规模的扩大虽然有助于创业者可以接触到更多的具有有价值隐性知识的个体，有可能获得更多的隐性知识，但是网络规模的扩大也增大了创业者搜寻与自己需求相匹配的隐性知识的难度，特别是隐性知识的学习不是简单的单向学习过程，而是需要学习双方的密切互动。

第四，网络规模对信念学习的影响是双面的。信念是个体较高层次的认知，在很大程度上影响着个体的态度和行为方式。信念学习属于更高层次的认知学习，更加强调学习过程中的互动性，要求学习双方既具有背景差异又能够建立有效的沟通平台。如同对隐性知识传递意愿的影响，网络规模虽然有助于创业者找到更多知识背景差异化的学习者，但是学习者过多必然会让创业者投入更多的经历去建立同质化沟通平台和维系关系，反而降低了信念学习的效率，因此网络规模过大会抑制信念学习的意愿。

基于以上分析，本研究提出如下假设：

H6.1：创业社会网络规模对创业警觉性有显著倒 U 型影响

H6.2：创业社会网络规模对创业学习意愿的各层面具有显著的倒 U 型影响

为了便于实证分析，将 H6.2 假设进一步细化为

H6.2a：创业社会网络规模对显性知识传递意愿有显著倒 U 型影响

H6.2b：创业社会网络规模对隐性知识传递意愿有显著倒 U 型影响

H6.2c：创业社会网络规模对信念学习意愿有显著倒 U 型影响

（2）网络异质性。社会网络的异质性表现为个体在社会人口、结构、经济上的差异性。网络异质性对创业活动的不同方面产生不同的影响。首先，异质性高的网络能够提供更丰富、多元化的信息资源。异质化的创业社会网络不仅能够为大学生创业者提供丰富的创业资源，而且还提供了不同类别但有所交叉的创业资源，这些丰富、多元化和互补的网络资源会促使创业者搜索创业机会，提升创业绩效。其次，异质性高的网络容易出现群体间沟通的困难。这是由于成员背景的异质性会导致价值观的差异，成员对于真正目标定义和资源配置或对如何执行任务产生不同的想法会产生冲突。因此网络异质性对创业活动的影响如下：

第一，网络异质性对创业警觉性产生显著的正向影响。创业警觉性的关键在于创业者能够自动依靠心理图式进行创业机会的寻找定位和精准评估并实现顿悟。异质性使创业者接触的信息具有交叉和多元化的特点，信息之间的差异化有助于创业者进行跨领域的思考和学习，在不同类型信息的刺激中实现顿悟，从而提高创业警觉性。

第二，网络异质性对显性知识传递意愿产生显著的正向影响。在异质性较高的网络群体中，信息的冗余程度较低，来自不同背景、特征、目的成员能够提供丰富多样化的信息，从而扩大知识面，使每一个网络成员有机会接触并吸收新知识，增强对显性知识的传递意愿。因此在知识共享互惠的环境下，当社会网络个体之间差异越大，网络成员就愿意通过向他人传递显性知识来获得他人差异化的显性知识。

第三，网络异质性对隐性知识传递意愿产生显著的负向影响。隐性知识具有模糊性、内隐性、不确定性等特征，并通过人际互动、面对面学习和潜

移默化的影响等方式实现。在隐性知识转移的研究中，野中郁次郎提出的经典知识转化四阶段模型描述了隐性知识的转移过程，在该过程中（社会化过程），知识传递双方是否存在于一个"场"中来影响隐性知识转移绩效。当成员背景的异质性导致价值观的差异化时，成员间会在对问题的看法和解决方式上存在冲突，因此随着网络异质性的增大，价值观差异程度就越大，创业社会网络内成员间的交流障碍会越多，越容易产生沟通困难，沟通成本会越高，从而降低通过隐性知识传递能够获取的知识收益。成员间异质性的增大会导致隐性知识传递成本增大，进而阻碍声誉效应的发挥，抑制隐性知识传递意愿。为知识传递双方塑造更多相似的社会人口、结构、经济特征有助于拓宽知识转移主客体的交流渠道，提高交流质量，降低交流的障碍，改善隐性知识转移的效率，进而降低隐性知识传递成本，提升隐性知识传递意愿。

第四，网络异质性对信念学习意愿产生显著的负向影响。信念学习通过人际互动实现，当个体之间异质性较小具有相似的价值观时，容易形成相似的信念和行为规范。成员之间异质性水平的增大会提高学习者的努力成本，进而影响信念学习的意愿。因此异质性水平较低的创业社会网络有助于为信念学习双方搭建有力的沟通和影响平台，增加双方的互动和沟通，形成合理长效的互惠机制，促进群体成员选择进行信念学习。

因此本研究提出假设：

H6.3：创业社会网络异质性对创业警觉性有显著的正向影响

H6.4：创业社会网络异质性对创业学习意愿的各层面有显著的影响

为了便于实证分析，将H6.4假设进一步细化为

H6.4a：创业社会网络异质性对显性知识转移意愿有显著的正向影响

H6.4b：创业社会网络异质性对隐性知识转移意愿有显著的负向影响

H6.4c：创业社会网络异质性对信念学习意愿有显著的负向影响

（3）网络强度。是反映社会网络关系特征的重要指标。社会网络强度反映了社会网络个体成员之间的紧密和疏远程度。强联结是个人经常联络的、关系密切的联系，通常发生在社会经济特征相似的个体之间，例如性别、年龄、教育水平、收入水平等；弱联结是不常联络的、间接性社会关系，通常发生在社

会经济特征不同的个体之间。由于社会网络的每个成员都是知识的载体，所以成员之间的互动水平、关系亲疏直接影响创业学习。不同的学者基于强、弱关系理论对创业活动的影响提出了不同的观点。弱关系力量理论认为强度较弱的社会网络环境可以避免大量冗余信息的产生，有利于创业者主动掌握创业资源，国内学者边燕杰教授通过实证研究证明在中国社会文化背景下，人们更加重视亲密度和熟识度，强、弱关系存在典型的优势互补效应，强关系假设具有更强的解释能力。创业社会网络强度对创业行为的影响表现如下：

第一，网络强度对创业警觉性产生显著的正向影响。创业者要产生创业警觉性不仅要置身于信息流进行搜索，更包含创业者向群体成员学习共同解读信息的过程。因此网络强度越大越有助于成员之间的相互学习进而提升创业警觉性。作者在对江苏省高校大学生创业意向的前期通过实证分析发现大学生创业者的所能获得的网络支持对创业警觉性具有显著的正向影响作用。

第二，网络强度对显性知识传递意愿产生了显著的负向影响。原因在于：一是构建和维持个人的强关系网络需要投入更多的成本，在获取工作相关有效信息时，发现个人的有效强关系网络存在上限。二是技术型组织中的高层管理者的职位往往通过弱关系得以提升。强联结群体内部在知识、经验和背景等方面具有较高的相似性，所以通过强联结所带来的资源通常是冗余的，不能带进"打动"个体的新资源与信息，而弱联结是在知识、经验和背景不同的群体间发生的，所传递的资源包含有显著区别的信息源，能够有效地传递新思想和新资源，实现多元化信息在群体中的传播。强关系网络中的个体间具有较大的相似性，存在较多的冗余信息，如果只与强关系网中的朋友联络，将影响个体学习外部的新颖知识。因此在显性知识的传递中，网络强度的增大并不利于提升显性知识传递意愿。

第三，网络强度对隐性知识传递意愿产生了显著的正向影响。隐性知识传递不是一个简单知识传递过程，发掘和评估是学习技能和隐性知识的基本过程。弱关系有利于简单信息的传递，促进事实知识的分享，而强关系有利于促进网络内部有效知识和隐性知识的传递。第4章的博弈研究显示，网络成员的关系越密切，隐性知识的传递成本就越小，越容易促使声誉效应发挥作用，增强传播者的知识传递意愿。强联结比弱联结在个人发展过程中的作用不同，弱联结便于传递事实信息，强联结可以提供动力。隐性知识传递双方保持高频率的接触有利于知识的传递，基于信任和互惠的强关系在获取代价更高、更难获取的资源方面具有更大的正向影响作用。

第四，网络强度对信念学习意愿产生了显著的正向影响。Rae 构建了基于社会互动的创业学习模型，该模型强调了社会互动过程对学习的影响，Rae 认为"情境学习"是决定创业学习的重要环节，情境学习不仅包括通过与其他员工的交流来学习知识、技能和经验，还包括通过文化传递形成个人价值观和行为决策模式。信念学习是团队成员社会互动的结果，第5章的博弈研究显示，网络成员的关系越密切，信念学习的成本越低，同时学习者之间越容易相互认同并受到对方的影响，从而提高信念学习的意愿。随着网络成员之间接触更频繁、联系越密切、交流越深入，个体间越容易深度互动进行信念的交流和学习。对个体而言，由强联结搭建的"互动桥"更加有利于形成相似的信念与规范，相互交流对事物的看法和理解。

因此本研究提出如下假设：

H6.5：创业社会网络强度对创业警觉性有显著的正向影响

H6.6：创业社会网络强度对创业学习意愿的各层面有显著的影响

为了便于实证分析，将 H6.6 假设进一步细化为

H6.6a：创业社会网络强度对显性知识转移意愿有显著的负向影响

H6.6b：创业社会网络强度对隐性知识转移意愿有显著的正向影响

H6.6c：创业社会网络强度对信念学习意愿有显著的正向影响

（4）网络治理机制。能够反映创业社会网络治理机制的指标主要有信任关系、互惠规则、情感因素、共享集体理解力，其中在实证研究中使用最多的信任关系。信任是心理活动的产物，具有认知性及情感性的基础，个人的情感状态以及依据以往经验形成的价值判断都会影响对可信任性的判断。为了便于知识转移和信息获取的研究，McAllister 将信任区分为基于认知的信任和基于情感的信任。基于认知的信任的建立基础是知识传递方具备较强储备的知识量和知识传递能力，知识接收方因此而产生的信任；基于情感的信任的建立基础是双

方通过密切的联系,在多次交往和沟通的基础上建立了合作、互利和共赢的情感联系而产生的信任。本研究认为认知信任和情感信任都对创业活动产生显著的影响,并对创业活动分别产生了不同的影响。其表现如下:

第一,认知信任和情感信任对创业警觉性产生显著的正向影响。基于社会认知理论可以清楚地描述机会警觉的认知形成与信息加工过程,创业警觉是一种慢性图式,它包括正确理解市场环境、识别关键要素与驱动因素、推断各个要素间的真实动态关系等。在认知的形成过程中,信任扮演了重要的角色。社会网络中的嵌入关系包括关系性与结构性,关系嵌入是指在社会网络成员相互信任的基础上,了解交换对象的行为、目标与需求,结构嵌入是指在一定的社会关系和机制的保证下,交换双方可以进行有效率的信息交流。在创业研究背景下,虽然各研究者对嵌入性的定义和划分不同,但是综合来看学者们都认同创业者的经济行为发生在特定的社会网络之中,因此一定会受到网络联结与网络规则的影响,如信任关系、互惠规则、情感因素、共享集体理解力等。谢亚萍、黄美娇通过实证研究证明创业学习网的内部信任机制对创业者的能力具有显著正向影响。

第二,认知信任对显性知识传递意愿产生显著的正向影响。在显性知识传递过程中,知识传递双方是将规范化、系统化、明晰化的知识进行转移,转移过程可以在双方展开,也可以借助机器和信息网络进行共享和传播。因此在显性知识传播过程中,显性知识储备量和传播的方式、方法直接影响传递效果。而显性知识转移双方是否具备情感的交流和合作的信任显得并不重要,因此基于认知的信任对显性知识传递意愿产生正向的影响作用。

第三,情感信任对隐性知识传递意愿产生了显著的正向影响。由于隐性知识的隐晦、内化等特性需要传播双方在更长的时间内通过更为密切的联系达到传播效果,情感信任有利于增强成员之间的认同感和归属感。第4章的博弈研究显示,由于隐性知识学习需要多次互动才能达成,知识传递双方更愿意通过建立良好的声誉来获取基于长期的回报,同时信任机制的建立有助于改善传播者对未来知识传递收益的预期,进而提升隐性知识传递意愿。隐性知识共享是在情感信任关系下进行的人际互动过程,由于传播者和接受者所拥有的知识体系有差异，互惠互利在一定程度上是创业社会网络构建的根本前提。社会网络成员在互惠与认同的氛围下更愿意提升知识流通的量和质。因此基于情感和互惠的社会规范可以提高成员间的熟悉和配合，有利于隐性知识的学习和整合。如果缺乏基于情感的信任，即使有再丰富的隐性知识储备量，再强大的传播能力，也只能在隐性知识传递初期奠定基本的物质基础，但是从长期来看，不能根本改善隐性知识的传递效果。

第四，情感信任对信念学习意愿产生了显著的正向影响。从认知心理学角度来看，学习是通过获取信息引起行为变化的过程。学习不仅是学习者根据个人目标搜寻、整理和评估有效的信息，个人也会通过知识的积累与既有经验的碰撞，对行为产生潜在的影响。Rae的社会学习理论的引入告诉我们创业者不是被动地适应环境，而是在具体情境中通过创业实践以及与他人的交流和互动来改变自身的知识结构。在这个由创业者以及他的社会网络构成的复杂系统中也需要学习双方投入时间、情感进行交流和互动，并通过信念学习"塑造"创业者行为和决策的偏好，在这个过程中，学习双方被"塑造"的根本原因在于情感上相信对方，并且双方已经建立的互助互利、公平公正的收益体系。因此基于情感的信任是影响信念学习的根本因素。

因此本研究提出如下假设：

H6.7：创业社会网络认知信任对创业警觉性有显著的正向影响

H6.8：创业社会网络情感信任对创业警觉性有显著的正向影响

H6.9：创业社会认知信任对显性知识转移意愿有显著的正向影响

H6.10：创业社会网络情感信任对创业学习意愿有显著的影响

将H6.10假设进一步细化为

H6.10a：创业社会情感信任对隐性知识转移意愿有显著的正向影响

H6.10b：创业社会情感信任对信念学习意愿有显著的正向影响

2.知识传递、信念学习对创业警觉性的影响

创业警觉性是创业学习的必然结果，在创业学习过程中进行的知识传递和信念学习直接影响了创业警觉性的产生。作者在前期针对江苏省高校大学生创业意向的研究中就发现源于个体内部的知识基础、外部的成熟社会网络

影响了创业警觉性的产生，特别是个体的知识基础（包括先验知识和特别兴趣）对创业警觉性具有显著的正向影响。下文从创业学习的角度来分析知识传递、信念学习对创业警觉性的影响关系。

无论是知识传递还是信念学习都不能脱离创业社会网络中的其他成员而独自进行。要研究创业学习过程离不开社会互动理论。纵观创业学习理论的发展历程，可以发现近十几年的创业学习研究主要从两个方面进行：一是基于认知角度，研究获取和转化信息和经验对创业学习的重要作用；二是基于社会学习角度，关注创业者广泛的社会经历和社会互动对创业学习的作用，基于社会学习角度的研究从社会互动角度有效地反映创业者通过外部社会网络吸收知识进行创业学习的过程。Rae在2006年构建了一个反映机会创造、认知和行动三者内在关系的创业模型，该模型基于社会学习理论，采用社会建构、访谈和叙事等方法，清楚了地描绘了创业学习的复杂过程。Rae认为"自我与社会身份变化、情境学习和共同构建企业"三个因素决定了创业学习。这三个因素从不同的角度体现了知识传递和互动学习过程，表现如下：

第一，自我与社会身份变化反映了信念学习过程，表明信念学习意愿对创业警觉性具有显著正向影响。自我与社会身份变化是指创业者身份的产生是通过早期生活和家庭经历、接受教育和从业经历以及社会关系实现的，包含目前和未来身份之间的张力、实践身份、家庭的作用和叙事性身份建构四个方面。家庭环境会影响一个人的创业态度和期望，家庭关系网络影响了创业者创业态度，创业者通过社会关系、社会交往中扮演的角色和从事的活动来形成实践身份。该模型特别强调了社会网络对信念的影响力。

第二，情境学习反映了显性、隐性知识传递过程，表明知识传递意愿对创业警觉性具有显著正向影响。情境学习是指创业者通过嵌入社区、行业以及个人关系网络从情境经历和关系中产生识别机会的直觉和能力，包含"行业学习、通过文化共享来识别机会、创业行动与实践"三个方面。Rae认为创业者可以通过在某一个特定的行业中参与工作，与其他员工的交流来学习知识、技能和经验，识别和开发市场机会，这种交流既包括显性知识，也包括隐性知识；而文化共享则强调了社会互动对创业学习的影响，文化传递可以形成个人的决策和社会互动,从而影响创业机会的识别;"在创业实践中学习"其实就是在创业情境下开展"干中学",也就是经验学习。

第三,"共同建构企业"反映了创业者通过在内外部关系网络中实施创业行为的过程。"共同建构企业"是指企业是由创业者与他人共同建构的。在这个过程中创业者通过与企业内、外部相关人员(包括客户、投资者、合伙人和雇员)的互动来实现创建企业的目标。其下包含了"参与和合作、共同建构意义、结构和实践、企业角色的转换、融入外部关系网络"四项内容。

Rae认为创业者与外部社会网络的互动关系对于创业学习非常重要,创业学习的关键就在于通过在新企业创建过程中传递共享的信息、资源、价值观、信念等来实现个人的创业目标。在这个由创业者以及他的社会网络构成的复杂系统中,创业者发挥了主观能动性,主动地获取、吸收、整合资源与信息,同时也受到这个系统中其他成员对创业者产生的互动影响。基于社会互动的创业学习模型可以看出创业学习在内容上表现为社会网络通过知识、技能和经验共享增加创业者的知识,通过文化共享塑造个人的决策偏好和思维模式,由于创业警觉性是创业学习的结果,所以创业知识传递、信念学习均对创业警觉性产生积极正面的影响。

因此本研究提出如下假设:

H6.11:创业社会网络中显性知识传递意愿对创业警觉性有显著的正向影响。

H6.12:创业社会网络中隐性知识传递意愿对创业警觉性有显著的正向影响。

H6.13:创业社会网络中信念学习意愿对创业警觉性有显著的正向影响。

结合前文讨论了创业社会网络对创业警觉性和创业学习影响,针对创业学习在创业社会网络和创业警觉性之间的中介效应,提出如下假设:

H6.14:显性知识传递意愿在创业社会网络因素对创业警觉性的影响中发挥中介作用。

H6.15:隐性知识传递意愿在创业社会网络因素对创业警觉性的影响中发挥中介作用。

H6.16:信念学习意愿在创业社会网络因素对创业警觉性的影响中发挥中介作用。

6.2.2 宏观层面

宏观层面的影响主要体现在创业社会制度对创业学习的影响上。制度是人为设定的决定经济行为主体间相互关系的游戏规则，包括正式制度与非正式制度，正式制度强调外在的规则体系对行动主体的激励及制约作用，非正式制度强调社会文化环境对行为主体的影响。创业社会网络中的创业者既然存在于特定网络群体，一定也嵌入在特定的制度环境中，创业者的行为既受到正式制度的影响也受到非正式制度的约束。本研究所讨论的制度既包括正式的为改善创业知识转移和信念学习所制定的考核、报酬、激励、奖励、惩罚制度，也包括非正式的创业文化环境。赵都敏认为制度影响创业活动的机制存在两种不同观点。一是创业时创业者采取的自发行为，不受制度的影响；二是创业者的创业行为要受到制度的约束。制度虽然不会直接引起创业者的创业行为，但会不可避免地产生影响。在对大学生创业意向进行研究时引入了高校政策因素，研究结果显示高校政策因素对大学生创业意向和创业信念有显著影响。作者在针对江苏省大学生创业警觉性的前期实证研究中就发现社会创业政策在大学生创业者个体因素的不同个层面对创业警觉性的影响过程中发挥了不同的调节作用，表现在增加创业机会政策不利于创业者借助网络支持产生更强烈的创业警觉性；营造创业文化政策能促进创业者借助网络支持产生更强烈的创业警觉性，同时高校创业教育和创业政策在创业警觉性形成过程中业发挥了不同的效用，高校创业教育在网络异质性影响创业警觉性过程中发挥促进作用，高校创业政策在网络规模影响创业警觉性的过程中发挥促进作用。第4章和第5章的博弈研究显示，创业社会网络中的创业学习的激励机制、氛围对创业隐性知识传递意愿和信念学习意愿产生影响，因此创业制度的完善有助于创业者获得更多的创业扶持，强化创业信心，进而影响创业警觉性。下面分别从创业制度对创业隐性知识传递和信念学习的影响来讨论创业制度在创业警觉性形成中的作用。

第一，社会网络要素对隐性知识传递意愿的影响过程受到创业政策的调节作用。第4章的博弈研究显示在隐性创业知识的传递过程中报酬机制对知识传播者努力程度的影响最为直接，表现在三个方面：一是要促使传播者更为主动积极地传播隐性知识，需要加大知识转移产出对当期报酬的影响，因此建立隐性知识转移报酬机制可以提升知识传播者的传播意愿；二是隐性知识传递需要经历一个较长的互动学习周期，因此为了长期使传播者提高努力程度，还需要促进声誉效应发挥作用，即强化前期知识转移产出对后期知识转移收益的影响力度；三是政策的稳定也直接影响知识传播者对未来传播收益的预期，给予传播者一个稳定的知识转移契约可以打消他们的顾虑，提高传播者对未来传播过程中出现不确定性和风险的抵抗能力。因此创业政策对创业社会网络影响隐性知识传递的过程的影响体现在：推进有效的创业政策，特别是报酬机制有助于提升隐性知识持有者的知识传播意愿。隐性知识传递报酬的提高可以抵消由于异质性所带来的传递成本的增长，因此创业政策可以缓解网络异质性对隐性知识传递意愿的负向影响，促进网络强度对隐性知识传递意愿的影响。但是在创业制度对信任机制影响隐性知识传递意愿的过程上，本研究认为创业制度的作用不显著，因为虽然在知识传递过程中与他人分享敏感或者重要的信息可能带来风险，但是如果知识传递双方已经建立了互信互惠且深厚的情感就可以有效地降低知识传播者对风险的估计。人具有社会属性，在追求经济报酬之外，更期望能够获得归属感和认同感，情感信任是知识传递双方合作行为的重要保证，是融入创业社会网络群体的重要基础。虽然创业制度对隐性知识传递意愿有着积极影响，但是并不能改变情感信任对隐性知识传递的影响规律。结合第4章有关网络强度、网络异质性和网络信任影响隐性知识传递意愿的讨论，提出如下假设：

H6.17：社会创业制度调节着社会网络要素对隐性知识传递意愿的影响过程

将H6.17假设进一步细化为

H6.17a：社会创业制度反向调节着社会网络异质性与创业隐性知识传递意愿的作用关系

H6.17b：社会创业制度正向调节着社会网络强度与创业隐性知识传递意愿的作用关系

第二，创业社会网络对信念学习意愿的影响过程受到创业政策的调节影响。

第5章的博弈研究显示，创业政策对信念学习的影响可以体现在两个层面：一是信念学习双方从学习中能够获取的收益和成本直接影响他们是否选择信念学习行为，并最终影响组织内部其他学习者的决策。如果建立了明确的信念学习收益机制，可以使学习方通过衡量学习的成本和受益而进行合理化选择。同时对于不主动进行信念学习有相应的惩罚机制，会使不合作的成本上升，学习双方都拒绝信念学习策略的概率有所下降，当惩罚机制的影响性足够大时，创业社会网络内的学习者都会主动选择学习策略，所以是否明确了信念学习的收益机制和惩罚机制，可以影响学习双方的学习行为。二是创业氛围会影响创业社会网络中的其他人，随着创业氛围越来越浓厚，学习者受到他人策略影响的程度就越高，进而选择信念学习行为。因此创业社会政策对创业社会网络影响信念学习意愿的影响体现在：推进有效的创业政策，包括报酬机制和创业氛围都有助于提升信念学习意愿。信念学习报酬的提高、不合作成本的增大可以抵消由于异质性所带来的学习成本的增长，因此创业政策可以缓解网络异质性对信念学习意愿的负向影响，正向调节着网络强度对隐性知识传递意愿的影响。如同在信任机制对隐性知识传递意愿的影响过程中的作用，本研究认为制度在情感信任对隐性知识传递意愿的影响过程的作用不显著。因此提出如下假设：

H6.18：社会创业制度调节着社会网络要素对信念学习意愿的影响过程

将H6.18假设进一步细化为

H6.18a：社会创业制度反向调节着社会网络异质性与创业信念学习意愿的作用关系。

H6.18b：社会制度正向调节着社会网络强度与创业信念学习意愿的作用关系。

6.2.3 概念模型的构建

通过上文的分析可以看出，在微观层面，创业社会网络的规模、异质性、关系强度和信任机制影响了创业知识的传递和信念学习，而知识传递和信念学习的结果形成了创业警觉性，因此创业社会网络通过创业学习影响了创业警觉性的形成。在宏观层面，创业者所处的社会环境通过创业氛围和知识转移、信念学习的奖惩制度影响了创业学习的意愿和效果。因此在研究社会网络影响大学生创业警觉性的过程中，要区分宏微观因素分别产生的影响。基于上文对社会网络、知识传递、信念学习、创业警觉性等因素做出的假设，本研究首先给出创业社会网络影响创业警觉性的概念模型（见下图）。在该模型中，创业知识传递和信念学习扮演了中介角色，制度与氛围扮演了调节角色，并在创业社会网络影响创业知识传递、信念学习意愿的过程中起着不同的调节作用。

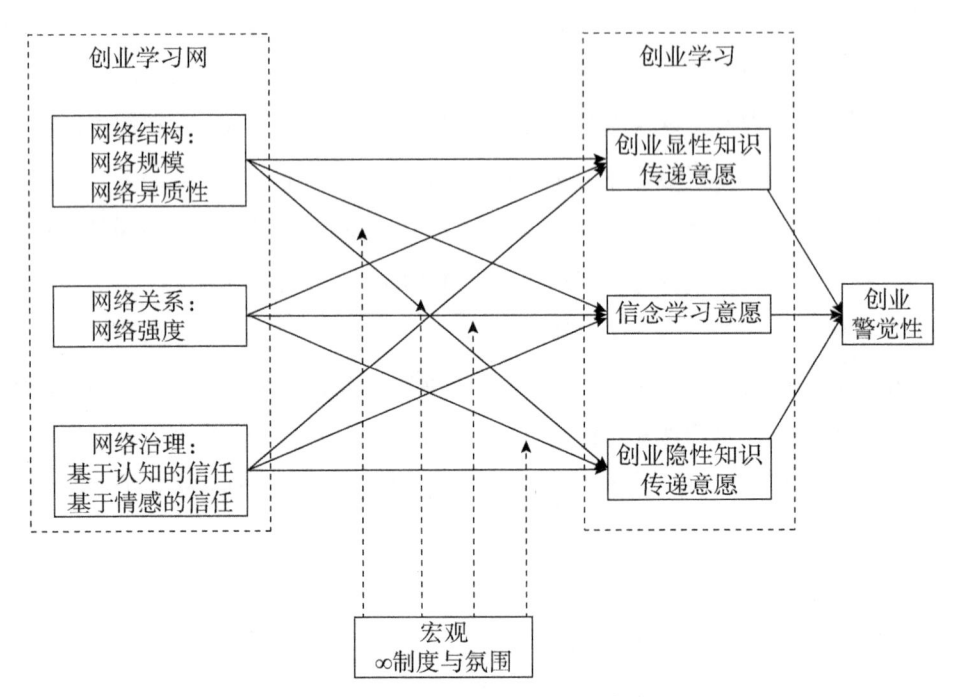

社会网络影响创业警觉性的概念模型

6.3　变量的测量及问卷设计

6.3.1　问卷设计的基本原则

问卷设计是进行实证研究的基础工作，为了确保实证研究所需调查问卷的效度及信度，在进行问卷设计时根据不同变量的特点分别使用不同的原则进行设计。

（1）"网络规模、网络异质性、网络强度、信任机制"等已经作为很多学者进行实证研究的变量，它们可以形成已验证过的、成熟的量表并作为问卷设计的基础，再根据本研究的目的和对象进行改进和完善。

（2）由于目前对"创业警觉性"变量研究得并不深入，缺乏较多实证研究，因此以最新或者最为学者认同的概念和维度作为量表设计的基础。

（3）对于"创业显性知识传递、隐性知识传递"变量，虽然显性知识传递、隐性知识传递已经得到较多的实证研究，但是在创业领域研究并不深入，因此要结合本研究研究的重点，以受调查的创业者的实际情况进行量表的自行设计，并结合有关专家的建议和指导意见，设计和修改相关问项。

（4）对于"制度"变量，由于制度本身涵盖的面非常广，而本研究所关注的"制度"为促进知识传递和信念学习的奖惩制度和创业氛围，因此需要按照第4和第5章的理论研究结论进行量表设计。

6.3.2 研究变量的问卷设计

根据上一节所展示的本研究的概念模型，本研究设计的研究变量可以划分为以下五类：第一类，自变量，主要反映创业社会网络的关系、结构和治理机制特征，包括网络规模、网络异质性、网络强度、基于认知的信任和基于情感的信任。第二类，中介变量，主要反映创业学习的过程，包括显性知识传递、隐性知识传递和信念学习。本研究认为社会网络对创业警觉性的影响通过创业社会网络内的显性知识传递、隐性知识传递和创业信念学习过程得以实现，因此将显性知识传递、隐性知识传递和信念学习意愿设计为本研究的中介变量。第三类，因变量。本研究只有一个因变量即创业警觉性。第四类，调节变量，即创业制度与氛围。第五类，控制变量，本研究根据大学生创业者的特点，在前期调研的基础上将性别，所在区域，户口所在视为控制变量，研究控制效果。

1. 自变量问卷设计

（1）网络规模。是指网络中行动者的数量，是一个绝对指标。网络规模的测定相对比较简单，已有研究通常采用与个体存在直接联系的网络成员数量进行表示。例如使用"核心讨论网"的人数来表示网络规模，或者使用创业者亲戚、朋友与熟人的人数总和来反映网络规模。美国大多数学者都将核心讨论网的规模限定在5人。国内部分大部分学者在沿袭了美国学者对网络规模的限定的基础上根据中国特有的"关系、人情"文化特征,适当放宽对核心讨论网人数的限定。作者通过对创业大学生进行初步调查后发现大学生创业者,特别是在校园内进行创业的大学生群体通常组成了4~8人的核心团队,所以本研究采用让大学生创业者尽可能多地罗列出除了本人以外的其他网络核心成员数量,在数量上不超过10个人。

（2）网络异质性。反映了构成网络成员的群体存在差异性的程度,异质性可以从社会人口特征（例如性别、年龄、受教育程度、政治面貌）、社会结构性因素、地理位置等多个方面体现出来。网络异质性可以分为个体异质性和群体异质性。其中个体异质性表现为行动者与其他成员的差异,可以采用"取个体和群体内其他个体在某人口统计变量差数的平方和,除以群体人数后开根号"计算个体异质性。其中 n 为群体人数, i 指特定成员, j 指其他成员。性别、教育程度类别变量,属于同一类别则差数为0,属于不同类别则差数为1;年龄、团队年资及工作价值观部分则视为连续变量,直接计算实际数字。

$$[\frac{1}{n}\sum_{i=1}^{n}(S_i - S_j)^2]^{\frac{1}{2}}$$

群体异质性可以使用异质性指数（IQV, index of qualitative variation）、差异性指数（ID, index of diversity）反映,也有研究使用不同职业的数量反映网络中职业异质性。异质性指数（IQV）可以使用群体类型的数量以及所占比例的关系体现,其中 P_i 代表所测品质中第 i 类型出现次数的比率, k 代表品质类型的数量。

$$IQV = \frac{1-\sum_{i}^{n}P_i^2}{1-1/K}$$

本研究在前期调查的基础上发现创业大学生的团队构成一般包括老师,同学,朋友和家人（包括亲戚）,这些人群之间的差异性主要体现在所具备的知识、教育、职业背景各不相同,因此为了能够有效衡量异质性,首先对人群进行在校学生、非在校学生进行区分，对在校学生通过专业来衡量异质性，对非在校学生通过职业衡量异质性，异质性的差异上采用品质异质性指数（IQV）进行反映。

（3）网络强度。反映了社会网络成员的关系。Granovetter 提出的弱联结理论极大地影响了后续社会网络理论的发展，由于强、弱联结的作用不同，在网络群体中如何区分强、弱联结就成为一个非常重要的问题。例如，使用亲密程度、关系久度、沟通、频率以及相互信任程度作为测量联结强度的指标。除此以外，中国的学者边燕杰和张洪文在研究中根据中国实际文化习惯，对网络强度进行了本土化的划分，将网络分为亲属关系、朋友关系、相识关系三种类型。分析我国目前大学生创业的特点，在大学生创业社会网络演化过程中，强弱关系的分布具有明显差异。创业大学生强关系主要源于亲缘关系和学缘关系，如亲戚、朋友、同学等，可为大学生创业提供必要的经济支持和道义援助。弱关系则为高校、业界同行、创业管理部门等，大学生创业者较难从中获得高价值的社会资源。结合国内外现有的研究成果可以看出在测量网络强度时，绝大部分学者使用互动频率、亲密程度、互惠交换、信任程度作为衡量的基本维度。

考虑到我国大学生创业者的现状，同时结合本研究将信任机制视为一个独立的影响变量，选择个体之间交往的密切程度、交往频率、互惠程度这三个方面，利用本团队成员讨论的内容比较深入、本团队成员经常沟通、本团队成员交往密切、本团队成员间交往是互惠的四个题项进行测量，指标的度量采用 Likert5 级指标测量法。

（4）信任机制。是反映创业社会网络治理机制在实证中应用最广泛的指标，除此以外还有互惠规则、情感因素、共享集体理解力。纵观既有研究，对社会网络的信任维度有很多不同的测量方式。有的学者使用单一维度测量，有的学者使用双维度测量，例如"个人信任和制度信任""基于情感信任和基于认知的信任"，有的使用三维度进行测量，例如"基于计算、知识、认同的信任""基于情感、认知、行为的信任"，McAllister 将信任机制从基于情感的信任和基于认知的信任进行衡量并研发了相关量表，该量表后来被许多学者直接采用并经过验证具有良好的信度和效度。在该量表中，McAllister使用了11个题项，其中6个用于测量基于认知的信任，5个用于测量基于情感的信任，并使用了Likert7级指标进行信任程度的测量。其中基于情感的信任通过如下题项进行测量：我们有很好的关系，可以分享思想和情感；可以和组织内其他成员自由交流；当遇到问题时，可以向组织内其他成员求助；为了维护彼此关系，成员都进行了情感投入。其中，基于认知的信任通过如下题项测量：他（她）对待工作认真负责；我不会怀疑他的工作能力和责任心；他能够帮助我把工作完成得更好；所有人都认为他是一个值得信赖的合作者；与我工作相关的其他人都认为他值得信赖；如果其他人对他了解更多，就会更加关注他的绩效。

我国现阶段的大学生创业群体能够获取关键资源的渠道主要是通过亲缘关系和学缘关系，这两种关系存在着显著的认知信任和情感信任的区别，特别是在社会互动的角度，信任源于知识、技能还是源于情感直接影响了知识交流和信念学习的深度，因此本研究主要参考了McAllister的研究，结合大学生创业社会网络的特点，设计了"我不会怀疑其他成员的专业技能、我不会怀疑其他成员的专业技能、我不会怀疑其他成员的专业技能、我对其他成员的工作表现感到放心"反映认知信任，使用"成员间的感情很好，关系友好亲密、人们能直抒己见，也能坦诚不足和错误、我们为了友好关系的建立而努力、我们相互关心对方的工作与生活"反映情感信任。

2. 中介变量问卷设计

（1）显性知识传递意愿。显性知识通常是一些事实性知识，易于记录和呈现。国内外已经有针对知识获取的大量实证研究，研究者都设计了知识转移意愿的测量量表。研究表明，进行知识共享受到知识拥有者与知识分享者的主观愿望的影响。曾宇容等在讨论组织间信任、社会互动、知识获取对组织创新绩效的影响时，利用技术知识、营销知识、产品开发知识、管理知识以及工艺知识五方面来测量知识的获取情况。在本研究前期理论分析中可以看出社会网络对知识传递过程的影响突出表现在对传播者的影响上，即社会网络对知识拥有者传递知识意愿具有显著影响，所以在实证研究中主要考察了知识拥有者对知识的传播意愿。但是目前并没有关于创业显性知识传递意愿的测量量表。

在综合既有研究并结合大学生在创业初期的实际情况，本研究从显性知识传递的类型出发来讨论传播者的知识传递意愿，在"显性知识传递内容和所付出的努力"两个方面使用"团队成员愿意分享创业信息、知识与数据、团队成员愿意相互借阅书籍材料、团队成员愿意进行知识的深度分享、团队成员都努力于创业知识、信息的分享"四个题项测量创业社会网络内显性知识传递意愿。

（2）隐性知识传递意愿。创业社会网络内传递的隐性知识具有非编码化、高度个人化、难以传播和共享等特征，需要通过与知识传递者进行密切的联系与长期互动而获取、吸收、转化。创业隐性知识具体表现为创业的理念、对创业过程的认知、对创业机会识别的判断模式等，是拥有创业隐性知识的个体经过长期积累而拥有，不易用语言表达，也不宜传播的理念、思维方式和决策模式。隐性知识共享意愿反映了个人进行隐性知识共享的主观概率。国外学者针对团队隐性知识共享进行了大量研究，国内也有学者基于我国隐性知识传递的特征，并结合我国文化传统和表达习惯对隐性知识传递意愿量表进行了修改。

本研究以成熟的隐性知识传递量表为基础，结合了我国大学生创业中的实际情况，从"隐性知识传递内容、深度和所付出的努力"三个方面使用"团队成员愿意分享新获得的创业技能、团队成员愿意深度分享创业经验和心得、团队成员愿意分享创业过程中的诀窍、团队成员都努力于创业技能和经验的分享"四个题项反映创业社会网络内隐性知识共享意愿的量表。

（3）信念学习意愿。本研究认为创业社会网络内的信念学习重在通过互动带来学习者观念、思维模式、决策偏好等方面的改变，因此可以从心智模式的信念维度展开对创业信念学习意愿的测量。创业心智模式的内容是多元的，既包括创业知识也包括创业信念，以此作为启发式的行为决策的基础，心智模式中的信念要素可以反映观点、思维模式和行为偏好。黄同飞等在讨论非正式网络对研发团队的创造力影响时，将团队共享心智模式视为中介变量，并将心智模式分为任务式共享心智模式和协作式共享心智模式，其中任务式共享心智模式反映了对目标共享、流程规范、领导信任等方面的认知情况，协作式共享心智模式反映了对角色互补、互动协作、成员信任等方面的认知情况。本研究认为创业社会网络中的信念学习主要形成创业者的创业信念。但是目前并没有关于创业信念学习意愿的测量量表，所以在综合既有研究并结合大学生在创业初期的实际情况，从"创业信念的内容构成、学习程度以及为学习付出的努力"三个层面，使用"团队成员愿意相互学习并改变对创业活动的理解、团队成员愿意相互学习并改变在创业中的决策偏好、团队成员愿意相互学习并改变已经形成的创业思维模式、团队成员之间愿意进行非常深入的信念学习"四个题项反映创业者在创业社会网络内的信念学习意愿。

3. 因变量问卷设计

Li对创业警觉性的构思和假设进行了突破性的构想，将搜索信息与主动学习融合为一体，认为创业警觉性的形成是并行思考、抛弃以前的想法、不断探索和不断改进的过程，即创业者通过整合、创建连接等方式，创造性地构想和设计。由于对创业警觉性的研究还不深入，创业警觉性的维度研究也并未得到广大学者的认同，本研究从创业警觉性近年最受认同的维度划分出发，即以Li对创业警觉性的分析为基础，结合前文分析所发现的创业警觉性学习本质，从"获取信息、打破常规、持续搜索和整合重构"四个角度使用"我在业余时间经常琢磨新的商业想法、我关注新信息并期望从中获得启示、可以将一些看似不相关的事物联系到一起、我喜欢对相同的事物用不同的方法进行思考和分析、我愿意突破传统思维并承担风险、我愿意进行持续努力的学习以发现创业机会"六个题项反映大学生创业警觉性。

4. 调节变量问卷设计

本研究的调节变量是创业社会网络中的制度要素。对于大学生创业而言，创业制度的衡量可以使用创业制度管制、创业制度认知和创业制度规范三个维度。其中创业管制维度是指一国鼓励或约束创业的行为，可以通过政府对创业企业的各种政策反应。创业制度规范维度指的是在价值观层面，人们是否认同大学生创业，例如是否将创业作为职业选择的程度，大学生创业者从公众和媒体获得地位和尊重的程度。创业制度认知维度指的是创业者是否具有创业相关的认知结构，可以通过先前经验，识别良好商业资源，感知创业机会。第4和第5章的理论研究发现，创业社会网络的制度和氛围影响着创业知识传递和信念学习，社会网络中的制度主要包括创业知识转移和信念学习所制定的考核、报酬、激励、奖励、惩罚制度，使用"越愿意分享知识与信息越能获得好处、越愿意分享技能与诀窍越能获得好处、越愿意信念学习越能获得好处、我相信以前在知识共享和学习上表现得越好未来收获的好处越多、有浓厚的支持创业的氛围、进行知识分享行为得到大家的认可、进行相互学习得到大家的认可"七个题项进行测量。

6.4　研究变量测量的修订与评价

6.4.1　小规模测试的程序和方法

为了能够达成研究目标，本研究将实证研究分为两个阶段：一是小样本测试；二是大规模调研。问卷设计的合理性直接影响所搜集数据的效度以及后期对研究假设检验的结果，所以小样本测试是问卷设计的必经之路。小样本测试的主要目标是为正式的大样本调查完善问卷，具体包括两部分工作：一是深度访谈，确保问卷题项的合理性；二是对测量量表进行效度和信度评估，并根据结果对量表进行必要性修正，为下一步大样本研究提供正式问卷。

第一阶段：在调研问卷初稿完成后，作者进行了问卷题项的深度访谈，访谈目的在于：一是通过访谈了解被访者对测试变量的理解，使题项真正涵盖了所测变量的主要方面；二是确保题项能够真正表达出所测量变量的主要内容；三是测试题项表达的准确性，防止出现理解上的歧义；四是确定题项能得到被测者真实、准确地回答；五是了解所建立的概念模型是否符合被测者的实际情况。

第二阶段：为了解调整之后测量问卷的合理性，在正式问卷形成以前，还需要通过小规模测试的方式，对相关变量测量量表的有效性进行分析和评估，并依据分析的结果，对测量项目中不合格的题项进行修正或删除，测量量表的有效性评价主要包括信度和效度评价两个方面。

1. 效度的评价方法

效度是指实际测量值能够反映测量意图所达到的程度。研究的效度包括内容效度、效标关联效度和建构效度。内容效度反映了测量题项叙述的正确性与代表性；效标关联效度是指测量结果与外在效标间的关联程度；建构效度反映了测量题项能够测量理论或概念的程度。本研究使用的题项主要源于以下两个途径：一是已经在以前的研究中使用过的题项；二是通过深度访谈进行部分题项内容的调整，因此本研究使用的量表具有较好的内容效度。

建构效度需要通过统计检验的方法进行检测，其中最常用的方法就是探索性因子分析，通过因子分析可以抽取变量间的共同因素，以较少的构念代表原来较复杂的数据结构。在进行探索性因子分析之前，需要评价题项之间的相关性，如果相关太小，则在题项间抽取的因素与使用者初始构建的因素会存在很大差距；如果题项之间具有显著的相关性，则较容易构建成有意义的因素。因此依据Kaiser的观点，题项之间是否适合进行因子分析还需要通过检验。KMO统计量和Bartlett球形检验可以反映题项之间的相关性。KMO指标值介于0和1之间，一般认为，当KMO值小于0.5时表示题项变量间不适合进行因子分析，如果KMO指标值大于0.8则表示题项之间具有较好的相关性，如果KMO指标值大于0.9则表示题项非常适合进行因子分析。Bartlett球形检验从相关系数矩阵来判断题项是否适合进行因子分析，如果Bartlett统计量显著性概率小于0.05，则代表题项适合进行因子分析。本研究则采用KMO指标为0.7作为参考标准。

本研究采用最大方差正交旋转的方法进行因子分析，在选取因子的时候以特征值大于1为选择标准，同时按照如下原则进行因子分析：第一，当一个项目自成一个因子时，由于缺乏题项的内部一致性，所以将删除该因子；第二，当因子载荷小于0.5，表示题项间能够测量到的共同因素太少，予以删除；第三，每一个题项与所对应的因子载荷越接近于1越好，与其他因子的载荷越小越好。按照以上原则进行保留或者删除题项，可以确保每一个概念都能被很好地测量，同时每个题项仅测量一个概念，使问卷具有良好的建构效度。

2. 信度的评价方法

信度是指测验或量表工作所测得结果的稳定性和一致性，反映通过该量表所得测试结果是否可靠、稳定。量表的信度越高，表明其测量标准误差越小。信度有外在信度和内在信度之分。外在信度是指在不同时间测量时量表异质性程度，通常使用"再测信度"表示；内在信度是指每一个量表是否能够测量一个单一的概念，量表内题项之间是否具有异质性。对于有多个题项的量表而言，内在信度尤其重要，内在信度可以使用Cronbach α系数、折半系数表示，但是在实际应用中，Cronbach α系数是最常用到的内在信度指标。本研究选择0.70作为标准用来参照，即当本研究问卷题项的Cronbach α系数值高于0.70时，即认为其信度较高，从而接受问卷的测量结果。

6.4.2 小规模测试数据的评价

为了分析量表的信度和效度，在所以在大规模问卷调查前，首先进行了小规模测试，并按照因子分析对题项进行筛选，优化测量项目。小规模测试对象为正在创业和有创业意向的大学生，发放问卷52份，回收有效问卷52份，按照如下步骤进行量表分析：第一，分析题项之间的相关性，使用KMO或者Bartlett统计量；第二，使用探索性因子分析的方法，对量表的建构效度进行评价，并删除部分不达到要求的题项；第三，在删除不合格题项后，计算剩余题项的Cronbach α系数，判断是否接受问卷的测量结果。下文对模型中的4个自变量，3个中介变量，1个调节变量进行探索性因子分析。由于网络规模和网络异质性通过绝对值进行衡量，因此不再进行信度和效度分析，最后合计对39个题项的量表进行信度和效度分析。

1. 社会网络量表的信度和效度评价

在因子分析前对各变量的题项进行相关性检验，使用KMO或者Bartlett统计量进行判断。社会网络量表的效度分析结果表明，所有变量均通过了Bartlett球体检验（$P<0.001$），KMO系数大于0.7，表明所得到的数据适合进行探索性因子分析。因子分析以特征根值大于1作为因子选择标准，采用主成

分分析法和最大方差旋转法，对因子载荷进行最大方差正交旋转，结果显示从社会网络量表的12个题项中可以提取三个因子，这三个因子解释的方差累计比例达到70.556%。其中有5个测量题项在网络强度上载荷较大，有4个测量题项在认知信任上载荷较大，有3个测量题项在情感信任上载荷较大。

测量情感信任的E1题项和网络强度测量题项构成一个因子，违背了问卷设计的原本构想，经过再次的访谈，发现E1题项"团队成员感情很好"和C1题项"团队成员关系密切友好"有着较大的一致性，因此在考虑将E1题项从社会网络量表中删除。

该量表的信度使用Cronbach α系数反映，经过分析计算，社会网络量表Cronbach α系数为0.849，接受问卷的测量结果。

2. 创业学习量表的信度和效度评价

创业学习量表的效度分析结果表明，所有变量均通过了Bartlett球体检验（$P < 0.001$），KMO系数大于0.7，以上结果表明所得到的数据适合进行探索性因子分析。因子分析以特征根值大于1作为因子选择标准，采用主成分分析法和最大方差旋转法，对因子载荷进行最大方差正交旋转，结果显示从创业学习量表的12个题项中可以提取三个因子，这三个因子解释的方差累计比例达到72.018%。其中有4个测量题项在显性知识传递上的载荷较大，有4个测量题项在隐性知识传递上的载荷较大，有4个测量题项在信念学习上的载荷较大。

该量表的信度使用Cronbach α系数反映，经过分析计算，社会网络量表Cronbach α系数为0.856，接受问卷的测量结果。

3. 创业警觉性量表的信度和效度评价

社会网络量表的效度分析结果表明，所有变量均通过了Bartlett球体检验（$P < 0.001$），KMO系数大于0.7。以上结果表明所得到的数据适合进行探索性因子分析。因子分析以特征根值大于1作为因子选择标准，采用主成分分析法和最大方差旋转法，对因子载荷进行最大方差正交旋转，结果显示从创业警觉性量表的6个题项中可以提取一个因子，该因子解释的方差累计比例达到62.567%，6个测量题项在创业警觉性因子上载荷都较大。

该量表的信度使用Cronbach α系数反映，经过分析计算，社会网络量表

Cronbach α系数为0.875，接受问卷的测量结果。

4. 创业制度量表的信度和效度评价

创业制度量表的效度分析结果表明，所有变量均通过了Bartlett球体检验（$P<0.001$），KMO系数大于0.7，表明所得到的数据适合进行探索性因子分析。因子分析以特征根值大于1作为因子选择标准，采用主成分分析法和最大方差旋转法，对因子载荷进行最大方差正交旋转，结果显示从社会网络量表的7个题项中可以提取一个因子，该因子解释的方差累计比例达到60.874%，7个测量题项在创业制度因子上的载荷都较大。

该量表的信度使用Cronbach α系数反映，经过分析计算，社会网络量表Cronbach α系数为0.875，接受问卷的测量结果。

6.5　本章小结

本章结合第4和第5章关于创业社会网络的关系、结构、治理机制特征对知识传递和信念学习意愿影响的理论分析，在创业警觉性形成的宏观和微观层面，提出相应的假设并据此构建本研究的概念模型。然后从模型出发，按照所涉及的变量分别设计题项进行测量。在题项的设计上，参照现有研究中成熟的问卷，同时结合第4和第5章的研究结论，针对创业社会网络的规模、异质性、强度、信任机制、显性知识传递意愿、隐性知识传递意愿、信念学习意愿和创业警觉性八个变量分别设计调查问卷，为数据收集和实证研究奠定基础。再通过小规模测试方法，对问卷的信度和效度进行评价，并根据评价结果对部分题项进行调整，形成最终问卷。

第7章 社会网络对创业警觉性的宏观和微观影响实证分析

第4和第5章从理论角度出发分析了创业社会网络对显性知识、隐性知识传递和信念学习的影响，识别了影响隐性知识传递和信念学习的社会网络因素。第6章在理论分析的基础上得出了本研究的基本假设，为了能够从实证角度验证概念模型，分别针对不同的变量设计了调查问卷。本章的研究内容是通过实证检验来验证前文提出的假设是否合理，并为构建改善创业社会网络中大学生创业者的创业警觉性的政策提出建议。因此本章的主要工作包括：第一，对收集到的调查数据进行整理和统计性描述；第二，对各量表中的数据进行信度和效度的检验，判断量表的有效性和数据的合理性；第三，进行显性知识传递、隐性知识传递、信念学习三个变量中介效用的判断与识别；第四，进行制度变量调节作用的判断与识别；第五，对实证研究的结果进行总结并提出相应的对策和建议。

7.1 数据的收集与整理

7.1.1 数据的收集

（1）调研对象的选择。主要研究大学生的创业警觉性，因此选择江苏省高校中的创业大学生为调研的对象。通过前期初步调查发现本科和专科学生的创业积极性要高于研究生，因此为了使所选择的大学生样本具有创业代表性，在江苏省内选择一本、二本、三本、专科类学校共12所高校。调研对象包括正在创业的大学生和有创业经历的大学生。

（2）问卷发放过程。通过现场发放问卷，网络调查等方式进行数据收集。由于调查内容涉及创业社会网络、创业学习和创业警觉性，其中包含需要现场指导才便于回答的问题，所以纸质问卷通过面谈方式，对被访者在部分题项上进行指导、解释，督促认真完成。网络调查通过电子邮件发送问卷，并在邮件中进行调研内容深度沟通，确保被访者了解题项的内涵。调研过程持续6个月，共发放问卷1423份，回收有效问卷1262份，有效率达到88.7%。

7.1.2 样本的统计性描述

本次调查男性比例为65%，女性比例为35%，家庭所在地位于东南地区的比例为80%，东北地区的比例为10.2%，西南地区的比例为4.2%，西北地区的比例为5.6%，户口所在地为城市的比例为30.8%，农村（包括乡镇）的比例为69.2%。

7.1.3 数据的信度与效度评价

在第6章我们通过小样本对调查问卷的信度和效度进行了分析，但在进行实证分析之前依然有必要对大样本抽样数据的有效性进行评估。

1. 信度评价

计算问卷的Cronbach α系数，该值越高表明同一维度间测量项目的内部一致性较高，问卷测量的信度较高。本研究问卷中四个变量的Cronbach α系数均高于0.70这个参照值，问卷的信度通过检验，说明该问卷能够在一定程度上反映现实的情况，适合进行下一步的实证分析。

2. 效度评价

因子分析包括探索性因子分析和验证性因子分析进行。探索性因子分析致力于通过指标本身的数字关系和结构关系找出客观现象内在的本质关系，验证性因子分析需要以概念模型为基础，用来测量、检验已知的理论架构，判断所测对象是否具有一个计量合理性与理论相切合的结构。因此，探索性因子分析的目标是建立量表或问卷的建构效度，而验证性因子分析是要检验次建构效度的真实性和适切性。第6章在小规模测试上已使用探索性因子分析找到各问卷的内部结构和题项的相互关系，本章可以在大规模调查上使用验证性因子分析检验问卷的结构效度，验证性因子分析还可以对测量模型进行修正以提高模型的拟合度。验证性因子分析的拟合参数很多，本研究选择CMIN/DF、GFI、AGFI、NFI、IFI、CFI和RMSEA七项指标。下面会对社会网络量表、创业学习量表、创业警觉性量表、创业制度量表进行验证性因子分析。

使用AMOS软件，根据验证性因子分析的结果，按照创业各变量题项间的关系对模型进行修正，得到社会网络变量的三因素的修正模型，按照同样的方法也可以得到，创业警觉性、创业社会网络、创业制度的修正模型。分析后模型的拟合优度指标均达到要求，参数回归系数的显著性分析显示：除了信念学习意愿，有两个题项的参数估计值没有达到0.01的显著性水平（但是达到了0.05的显著性水平），其他参数估计值达到0.01的显著水平。结合该量表的拟合优度指标，可以看出信念学习量表建构效度上明显低于其他量表，这是由于信念学习量表的各个题项在设计上没有可参照的研究，为本研究自主设计，但是整体来看满足了本研究的基本需求。

7.2 回归分析与研究假设的检验

7.2.1 数据处理及相关性分析

变量间存在相关关系是进行回归分析的前提，因此本研究在运用多元线性回归模型检验假设前先对将涉及回归的各变量进行相关性分析。考虑到下文要讨论创业制度的调节作用，因此将创业制度与社会网络各因素的交叉性也放入相关性分析中。如果直接将交叉项放入回归方程中容易产生交叉项与单变量之间的多重共线性，如果变量之间存在严重多重共线性，即使采用逐步回归也可能发生被选入的预测变量的回归系数无法解释的矛盾现象，因此需要对变量之间的多重共线性进行检测。多重共线性的检测可以使用容忍度、方差膨胀因素和条件指标进行反映。在复回归中，容忍度越接近于0代表多重共线性越严重，方差膨胀系数（VIF）大于10时，表示自变量之间可能存在多重共线性，条件指标（CI）如果在15以上，表示可能存在多重共线性，如果CI在30以上代表有严重的多重共线性，如果在100以上，表示多重共线性问题十分严重。因此在做调节效应分析时，一般要将自变量和调节变量做中心化变换，即变量减去其均值（中心化并不能减弱模型中各个变量之间的共线性，中心化用于消除两个变量乘积项和单变量之间的共线性）。本研究将社会网络变量与创业制度变量的交互性进行中心化，然后进行相关性分析。

接下来进行各变量相关性分析，结果显示：创业警觉性与创业网络规模、网络强度、认知信任和情感信任之间存在显著的相关性；创业警觉性与显性知识传递意愿、隐性知识传递意愿、信念学习意愿之间存在显著相关性；创业网络异质性、网络强度、认知信任和情感信任分别与显性知识传递意愿、隐性知识传递意愿、信念学习意愿之间存在相关性；创业制度与创业网络各变量的交叉项与隐性知识传递意愿、信念学习意愿之间存在相关性，初步验证了本研究的部分假设。

7.2.2　创业学习意愿的中介效应分析

在第6章的基本假设中，经过理论分析，本研究认为创业者在社会网络中进行创业学习的意愿在创业警觉性的过程中发挥了中介效应。下文基于创业学习的中介效应研究框架，来验证创业社会网络对创业警觉性的影响。

在研究自变量 X 对因变量 Y 的影响时，如果 X 通过影响变量 M 来影响 Y，则称 M 为中介变量。若 X 对 Y 的影响完全通过 M，则 M 起到完全的中介作用，若 X 既能够通过 M 影响 Y，也可以直接作用于 Y，则称 M 起到部分中介作用（见图7-1）。

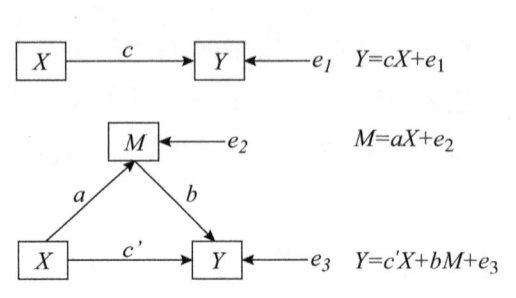

```
    X ──c──▶ Y ◀── e₁    Y=cX+e₁

          M ◀── e₂        M=aX+e₂
         ▲ ╲
        a   b
       ╱     ▼
    X ──c'──▶ Y ◀── e₃   Y=c'X+bM+e₃
```

图7-1 中介变量作用

中介变量的检验可以采用逐步回归分析方法，判断的步骤和满足的判断条件为：

第一步，分别对因变量Y和中介变量M对自变量X作回归分析，得到自变量X对于中介变量M和因变量Y的作用显著。

第二步，对中介变量M和因变量Y做回归分析检验二者关系，得到作为中介变量的M对因变量Y作用显著。

第三步，将中介变量M和自变量X同时引入模型，第二步所计算的关系仍然显著，但自变量X对于因变量Y的作用的显著性相对于第一步变弱或者变为不显著。如果自变量X对因变量Y的影响显著性变弱，则可以认为M起到部分的中介作用，如果自变量X对于因变量Y的研究变得不显著，则有理由判定M起到完全的中介作用。

本研究使用SPSS软件，以全部进入的方法进行分层多元线性回归并进行统计检验，来验证创业学习在创业网络影响创业警觉过程中的中介作用。

1.显性知识传递意愿中介效用分析

采用逐步回归方法，按照以上步骤对显性知识传递意愿在创业网络变量影响创业警觉性过程中的中介作用进行分析。第一步，分析控制变量对显性知识传递意愿的影响；第二步，加入创业社会网络变量（包括网络规模、网络异质性、网络强度、认知信任和情感信任），分析控制变量和创业社会网络变量对显性知识传递意愿的影响；第三步，分析控制变量对因变量（创业警觉性）的影响；第四步，加入创业社会网络变量，分析控制变量和创业社会网络变量对创业警觉性的影响；第五步，加入中介变量，分析控制变量和显性知识传递意愿对创业警觉性的影响；第六步，加入创业社会网络变量，分析控制变量、创业社会网络变量和显性知识传递意愿对创业警觉性的影响。

分析结果表明：各变量的VIF值较小，除了模型1和模型6，其他模型整体的F值均在0.01的水平上显著，判定系数R^2较高，说明各模型拟合得较好。

下面针对模型的回归分析结果进行讨论：

（1）创业社会网络规模对显性知识传递意愿和创业警觉性的影响。根据表7-1可以看出，网络规模对显性知识传递意愿的影响更加呈现出倒U型（系数为-0.024，在0.1水平上显著），网络强度和网络异质性对显性知识传递意愿的影响并不显著，因此H6.6a和H6.4a没有得到验证；虽然网络规模（系数分别为-0.596，在0.01水平上显著）和（网络规模）^{2}（系数分别为-0.052，在0.01水平上显著）均对创业警觉性具有显著影响，但是加入（网络规模）^{2}的拟合程度显然更高（调整后R^2为0.846），所以网络规模对创业警觉性的影响更加呈现倒U型的特征，由此假设H6.1、H6.2a得到验证。最后，在创业社会网络各变量中，只有网络强度对创业警觉性的影响不显著，因此H5没有得到验证，认知信任（系数为0.373，在0.01的水平上显著）对显性知识传递意愿具有显著正向影响，由此假设H6.9得到验证。

表7-1 社会网络变量对显性知识传递意愿的影响分析

变量	显性知识传递意愿			
	系数	VIF	系数	VIF
常数项	2.625	—	2.646	—
性别	0.033	1.157	0.113	1.104
成长环境	-0.101	1.517	-0.144	1.496
专业	-0.537	1.919	-0.589	1.867
个人创业经历	0.635	1.451	0.471	1.475
家人创业经历	1.902**	1.638	1.942	1.639
网络规模	-0.234	1.711	—	—
网络规模^2			-0.024*	1.596

续表

变量	显性知识传递意愿			
	系数	VIF	系数	VIF
网络异质性	−0.327	1.488	−0.284	1.490
网络强度	0.070	2.254	0.057	2.253
认知信任	0.382***	1.681	0.373***	1.653
情感信任	0.484**	2.457	0.484**	2.456
F	6.581***		8.601**	
R^2	0.785		0.848	
调整后 R^2	0.666		0.749	
D-W 值	2.034		1.739	

注：*代表 $p<0.1$；**代表 $p<0.05$；***代表 $p<0.01$。

（2）显性知识传递意愿的中介作用。根据表7-2可以看出，除了网络规模因素外，网络异质性（系数为-0.832，在0.05的水平上显著）、认知信任（系数为0.263，在0.05的水平上显著）和情感信任（系数为1.372，在0.01的水平上显著）对创业警觉性也具有显著影响，由此假设H6.3、H6.7和H6.8得到验证；看出显性知识传递对创业警觉性具有显著影响（系数为1.255，在0.01水平上显著），由此假设H6.11得到验证；加入显性知识传递意愿后，网络规模和情感信任的显著性水平有所下降，认知信任则不再显著。根据中介效用评价原则，显性知识传递意愿在网络规模和情感信任影响创业警觉性的过程中发挥了部分中介作用，在认知信任影响创业警觉性的过程中发挥了完全中介作用，由此假设H6.14得到部分验证。

表7-2 显性知识传递意愿中介效用分析

变量	创业警觉性			
	不含中介变量		含中介变量	
	系数	VIF	系数	VIF
常数项	4.712	—	3.982	1.107

续表

变量	创业警觉性			
	不含中介变量		含中介变量	
	系数	VIF	系数	VIF
性别	0.622	1.104	0.591	1.500
成长环境	0.906	1.496	0.946	1.918
专业	−0.912	1.867	−0.749	1.493
个人创业经历	−0.758	1.475	−0.888	2.309
家人创业经历	1.063	1.639	0.526	1.854
网络规模2	−0.052***	1.596	−0.045**	1.501
网络异质性	−0.832**	1.490	−0.753	2.270
网络强度	−0.029	2.253	−0.045	2.546
认知信任	0.263**	1.653	0.159	3.267
情感信任	1.372***	2.456	1.238***	4.951
显性知识传递意愿	—	—	0.276**	—
F	16.401***		15.206***	
R^2	0.901		0.908	
调整后R^2	0.846		0.848	
D-W值	1.904		1.746	

注：*代表$p<0.1$；**代表$p<0.05$；***代表$p<0.01$。

2. 隐性知识传递意愿中介效用分析

按照以上步骤对隐性知识传递意愿在创业网络变量影响创业警觉性过程中的中介作用进行分析。第一步，分析控制变量对隐性知识传递意愿的影响；第二步，加入了创业社会网络变量，包括网络规模、网络异质性、网络强度、认知信任和情感信任，分析控制变量和创业社会网络变量对隐性知识传递意愿的影响；第三步，分析控制变量和隐性知识传递意愿对创业警觉性的影响；第四步，加入社会网络变量，分析控制变量、创业社会网络变量和隐性知识传递意愿对创业警觉性的影响。

分析表明各变量的VIF值较小，模型整体的F值均在0.01的水平上显著，判定系数R^2较高，说明各模型拟合得较好。下面对模型的回归结果进行讨论：

（1）创业社会网络规模对隐性知识传递意愿的影响。根据表7-3可以看出，网络规模对隐性知识传递意愿的线性影响并不显著，网络规模对隐性知识传递意愿呈倒U型（系数分别为-0.240，在0.05水平上显著，且拟合程度更高，因此假设H6.2b得到验证。此外网络强度对隐性知识传递意愿的影响并不显著，因此H6.6b没有得到验证；社会网络异质性对隐性知识传递意愿具有显著负向影响（系数为-2.49.达到0.05显著水平），情感信任对隐性知识传递意愿具有显著正向影响（系数为0.481，均达到0.05显著水平），由此假设H6.4b和H6.10a得到验证。

表7-3 社会网络变量对隐性知识传递意愿的影响分析

变量	隐性知识传递意愿			
	系数	VIF	系数	VIF
常数项	3.911	—	-2.371	1.943
性别	-0.224	1.157	1.108	1.553
成长环境	-0.351	1.517	-0.188	2.133
专业	-0.535	1.919	0.145	1.526
个人创业经历	0.313	1.451	-0.279	1.471
家人创业经历	1.940*	1.638	1.805	61.009
网络规模	-0.013	1.711	2.988*	55.934
规模*规模	—	1.488	-0.240**	1.645
网络异质性	-3.094**	2.254	-2.490**	2.347
网络强度	0.001	1.681	0.005	1.940
认知信任	0.301	2.457	0.138	2.505
情感信任	0.503*	—	0.481*	—
F	3.116**		3.575***	
R^2	0.634		0.698	
调整后R^2	0.434		0.503	
D-W值	2.005		1.991	

注：*代表$p<0.1$；**代表$p<0.05$；***代表$p<0.01$。

（2）隐性知识传递意愿的中介作用。根据表7-4可以看出，隐性知识传递意愿对创业警觉性具有显著正向影响（系数为0.826，达到0.01显著水平），由此假设H6.12得到验证；加入隐性知识传递意愿后，网络规模和情感信任的显著性水平有所下降，网络异质性则不再显著。根据中介效用评价原则，隐性知识传递意愿在网络规模和情感信任影响创业警觉性的过程中发挥了部分中介作用，在网络异质性影响创业警觉性的过程中发挥了完全中介作用，由此假设H6.15得到部分验证。

表7-4　隐性知识传递意愿中介效用分析

变量	创业警觉性			
	系数	VIF	系数	VIF
常数项	4.712	—	4.042	—
性别	0.622	1.104	0.635	1.120
成长环境	0.906	1.496	1.048	1.541
专业	−0.912	1.867	−0.953	1.941
个人创业经历	−0.758	1.475	−0.677	1.493
家人创业经历	1.063	1.639	1.034	1.724
规模*规模	−0.052***	1.596	−0.052***	1.658
网络异质性	−0.832**	1.490	−0.493	2.003
网络强度	−0.029	2.253	−0.019	2.341
认知信任	0.263**	1.653	0.151	1.782
情感信任	1.372***	2.456	1.299***	2.832
隐性知识传递意愿	—	—	0.203**	2.749
F	16.401***		13.891***	
R^2	0.901		0.900	
调整后R^2	0.846		0.835	
$D-W$值	1.904		2.938	

注：*代表$p<0.1$；**代表$p<0.05$；***代表$p<0.01$。

3. 信念学习意愿中介效用分析

按照以上步骤对信念学习意愿在创业网络变量影响创业警觉性过程中的中介作用进行分析。①分析控制变量对信念学习意愿的影响；②加入创业社会网络变量（包括网络规模、网络异质性、网络强度、认知信任和情感信任），分析控制变量和创业社会网络变量对信念学习意愿的影响；③分析控制变量和信念学习意愿对创业警觉性的影响；④加入社会网络变量，分析控制变量、创业社会网络变量和信念学习意愿对创业警觉性的影响。

分析表明各变量的 VIF 值较小，除了模型 14 以外，其他模型整体的 F 值均在 0.01 的水平上显著，判定系数 R^2 较高，说明各模型拟合得较好。下面就模型的回归结果进行讨论：

（1）社会网络规模对创业信念学习和创业警觉性的影响。根据表 7-5 可以看出，网络规模对创业信念学习意愿没有显著影响，由此 H6.2c 没有得到验证。创业社会网络强度对信念学习的影响并不显著，由此 H6.6c 没有得到验证；社会网络异质性对信念学习意愿具有显著负向影响（系数为 -2.180，达到 0.05 显著水平），情感信任对信念学习意愿具有显著正向影响（系数为 0.614，达到 0.05 显著水平），由此假设 H6.4c 和 H6.10b 得到验证。

表 7-5　社会网络变量对创业信念学习的影响分析

变量	信念学习意愿			
	模型 15		模型 16	
	系数	VIF	系数	VIF
常数项	-0.091	—	-0.206	—
性别	-0.055	1.157	-0.038	1.104
成长环境	0.949	1.517	0.956	1.496
专业	0.847	1.919	0.861	1.867
个人创业经历	-0.455	1.451	-0.451	1.475
家人创业经历	0.711	1.638	0.708	1.639
网络规模	-0.037	1.711	—	—
规模*规模	—	—	-0.003	1.596

续表

变量	信念学习意愿			
	模型15		模型16	
	系数	VIF	系数	VIF
网络异质性	−2.180**	1.488	−2.176**	1.490
网络强度	0.094	2.254	0.095	2.253
认知信任	0.178	1.681	0.176	1.653
情感信任	0.614**	2.457	0.614**	2.456
F	4.488***		4.486***	
R^2	0.741		0.714	
调整后R^2	0.555		0.555	
$D\text{-}W$值	2.093		2.097	

注：*代表$p<0.1$；**代表$p<0.05$；***代表$p<0.01$。

（2）信念学习意愿的中介效用。根据表7-6可以看出，信念学习意愿对创业警觉性具有显著正向影响（系数为1.110，达到0.01显著水平），由此假设H6.13得到验证；加入信念学习意愿后，网络异质性不再显著，情感信任的显著性有所下降。根据中介效用评价原则，信念学习意愿在网络异质性影响创业警觉性的过程中发挥了完全中介作用，在情感信任因素影响创业警觉性的过程中发挥了部分中介作用，由此假设H6.16得到部分验证。

表7-6　创业信念学习意愿中介效用分析

变量	创业警觉性			
	不含中介变量		含中介变量	
	系数	VIF	系数	VIF
常数项	4.712	—	4.953	—
性别	0.622	1.104	0.600	1.116
成长环境	0.906	1.496	0.637	1.680
专业	−0.912	1.867	−1.350	1.981
个人创业经历	−0.758	1.475	−0.511	1.502

续表

变量	创业警觉性 不含中介变量 系数	创业警觉性 不含中介变量 VIF	创业警觉性 含中介变量 系数	创业警觉性 含中介变量 VIF
家人创业经历	1.063	1.639	1.103	1.588
网络规模	—	—	—	—
规模*规模	−0.052***	1.596	−0.053***	1.651
网络异质性	−0.832**	1.490	−0.338	2.053
网络强度	−0.029	2.253	−0.060	2.388
认知信任	0.263**	1.653	0.177	1.640
情感信任	1.372***	2.456	1.182***	3.587
信念学习意愿	—	—	0.335**	3.282
F	16.401***		14.501***	
R^2	0.901		0.904	
调整后 R^2	0.846		0.841	
D–W值	1.904		2.792	

注：*代表 $p<0.1$；**代表 $p<0.05$；***代表 $p<0.01$。

总结创业学习在创业社会网络特征对创业警觉性影响过程中的中介作用分析过程，可以看出本研究所提出的假设 H6.1、H6.2a、H6.2b、H6.4b、H6.4c、H6.7、H6.8、H6.9、H6.10a、H6.10b、H6.11、H6.12、H6.13 得到验证，H6.14、H6.15、H6.16 得到部分验证。

7.2.3　创业制度的调节效用检验

若变量 Y 与变量 X 有关系，但是 X 与 Y 的关系受到第三个变量 Z 的影响，则变量 Z 就是调节变量，调节变量可以是类别变量，也可以是联系变量，调节变量所起的作用成为调节效用。Z 对变量 Y 与变量 X 间的关系影响见图 7-2。

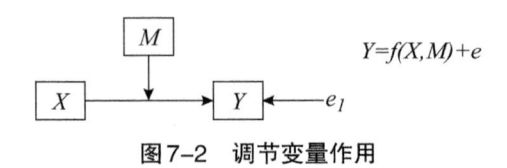

图 7-2　调节变量作用

调节效用的检验可以采用如下的方法和步骤，所满足的判断条件如下：

第一步，将自变量和调节变量中心化，以减小回归方程中变量之间的多重共线性问题。

第二步，构成交互项（乘积项），将中心化（或标准化）处理后的自变量和调节变量相乘。

第三步，构造方程，把自变量、因变量（未中心化的）以及交互项放到多元回归方程中就可以检验调节作用。

第四步，对第三步的方程进行逐步回归分析，判定调节作用可以使用两种方法。第一方法，根据放入交互项以后的 ΔR^2 的显著性判别。首先做变量 Y 对变量 X 和变量 Z 的回归，可以得判定系数 R_1^2。随后做变量 Y 对变量 X、Z 和 XZ 的回归得 R_2^2，若判定系数 R_2^2 显著高于 R_1^2，则调节效应显著。第二种方法，检验模型的回归的系数，若系数显著不为零（特别是的 XZ 系数显著不为零），说明变量 Z 的调节作用显著。

1. 创业制度在隐性知识传递意愿中的调节效用分析

按照以上步骤对创业制度在社会网络因素影响隐性知识传递意愿的调节效用进行分析。显示网络规模、异质性和情感信任对隐性知识传递意愿有显著影响，下文针对这三个变量，引入创业制度与创业社会网络变量的交互项分析创业制度在社会网络变量对隐性知识传递意愿影响过程中的调节作用。

首先构建模型反映控制变量，网络变量（只包括网络规模、异质性和情感信任，因为前文验证了这三个因素对隐性知识传递意愿具有显著影响）和创业制度对创业知识传递意愿的影响。由于网络强度对隐性知识传递意愿的影响并不显著，所以 H6.17b 无须进行讨论。其次，在分析调节效用时，加入创业制度与网络规模、异质性和情感信任的交互项回归，分析结果表明，各变量的 VIF 值均小于 10，模型整体的 F 值均在 0.01 的水平上显著，拟合优度较高，从创业制度与异质性的交互项来看，达到 0.01 的显著性水平，所以在网络异质性影响隐性知识传递意愿的过程中，创业制度发挥了明显的负向调节作用；但是社会网络规模与创业制度的交互项、情感信任与创业制度的交互项并不显著，说明在社会网络规模、情感信任影响隐性知识传递意愿的过程中，创业制度并没有发挥明显的调节作用,所以假设H6.17a得到验证,分析结果见表7-7。

表7-7 创业制度对隐性知识传递意愿的调节效用分析

变量	隐性知识传递意愿			
	模型19		模型20	
	系数	VIF	系数	VIF
常数项	5.704	—	6.680	—
性别	−0.490	1.171	−3.324*	4.310
成长环境	−0.747	1.563	−0.236	2.150
专业	−0.951	1.937	−2.089	2.886
个人创业经历	−0.148	1.345	−0.740	2.383
家人创业经历	2.038*	1.294	3.426***	1.749
规模*规模	−0.092**	1.548	0.009	2.042
异质性	−3.025**	1.528	−4.172*	4.105
认知信任	0.140	2.266	0.127	2.999
情感信任	0.278*	3.292	0.006	3.789
制度	0.173	3.427	0.241*	3.801
规模^2*制度	—	—	−0.007	2.263
异质性*制度	—	—	−0.844**	2.680
情感信任*制度	—	—	0.000	4.848
F	3.488		5.005	
R^2	0.660		0.833	
调整后R^2	0.471		0.667	
D-W值			2.73	

注:*代表$p<0.1$;**代表$p<0.05$;***代表$p<0.01$。

2.创业制度在信念学习意愿中的调节效用分析

首先构建模型反映了控制变量、网络变量(只包括异质性和情感信任,因为前文验证了这两个因素对隐性知识传递意愿具有显著影响)和创业制度对创业知识传递意愿的影响。其次加入了创业制度与异质性和情感信任的交互项。回归分析结果表明,模型各变量的VIF值均小于10,模型整体的F值均在0.01的水平上显著,拟合优度较高,创业制度与异质性的交互项达到0.01的显著性水平,所以在网络异质性影响信念学习意愿的过程中,创业制度发挥了明显的负向调节作用；但是情感信任与创业制度的交互项并不显著，所以在情感信任信念学习意愿的过程中，创业制度并没有发挥明显的调节作用，所以假设H18a得到验证，分析结果见表7-8。

表7-8 创业制度对信念学习意愿的调节效用分析

变量	信念学习传递意愿			
	模型21		模型22	
	系数	VIF	系数	VIF
常数项	2.594	—	3.539	—
性别	−0.688	1.402	−1.370	2.461
成长环境	0.438	1.584	0.591	2.638
专业	−0.589	2.517	−1.267	3.223
个人创业经历	−0.460	1.071	−0.438	2.642
家人创业经历	1.707**	1.435	2.219	1.896
异质性	−1.617**	1.695	−2.703	3.774
情感信任	0.392**	3.018	0.353	3.167
制度	0.163*	1.942	0.167*	1.950
异质性*制度	—	—	−0.371*	2.753
情感信任*制度	—	—	0.003	3.966
F	6.461***		5.693***	
R^2	0.764		0.793	
调整后R^2	0.645		0.648	
$D-W$值			1.59	

注：*代表$p<0.1$；**代表$p<0.05$；***代表$p<0.01$。

7.3 实证研究结果总结

本章利用调研数据，分析了创业社会网络、创业学习对大学生创业警觉性的影响，同时讨论了创业制度在创业社会网络对创业学习影响中的调节作用。实证研究结果显示，创业社会网络的不同因素对创业学习的不同层面产生正面或负面的影响，创业学习的各个层面对创业警觉性均产生显著的正向影响，创业学习在创业社会网络影响创业警觉性的过程中起到一定的中介作用。创业制度在创业网络对显性知识传递意愿和信念学习意愿方面起到了显著的调节作用。经过分析，可以发现本研究提出的26个假设，共有14个假设获得完全验证，3个假设获得部分验证，9个假设没有获得实证的验证。根据实证研究的结果，将研究的模型进行进一步修正，见图7-3。

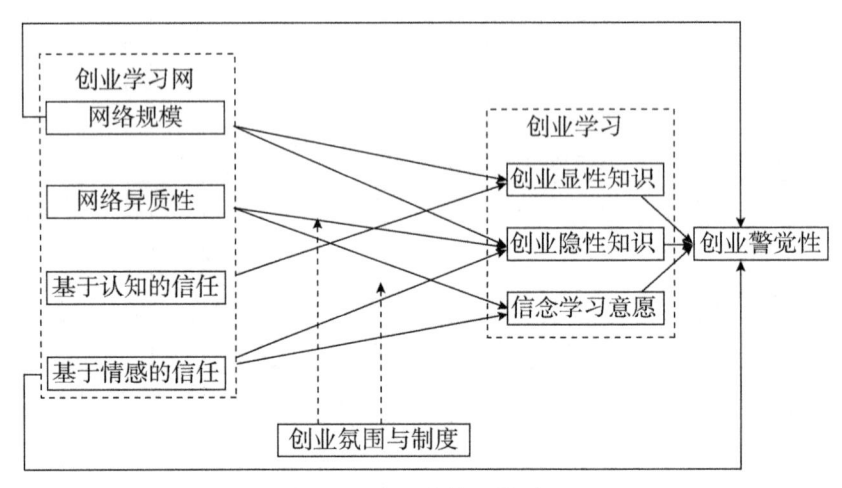

图7-3 本研究修正模型图

实证研究结果总结如下：

（1）创业学习对创业警觉性有着显著的正向影响。创业警觉性作为创业学习的重要成果，会受到来自创业者个体因素和环境的影响，特别是创业者个体的学习能力和学习意愿直接影响创业警觉性的产生与发展。创业警觉性不仅是创业知识的搜索与发现过程，更是创业者通过学习与整合，重构个人创业知识体系和重塑创业信念的过程。显性知识传递意愿影响着创业者通过创业社会网络传递、交换创业显性信息、资源，隐性知识传递意愿影响着创业者通过创业社会网络传递、学习创业技能、经验和心得，信念学习意愿影响着创业者通过向他人学习改善自我思维模式、决策偏好。因此创业学习的三个层面分别从显性、隐性知识共享和信念学习角度正向推动了创业警觉性的发展，改善个体创业学习的意愿和能力是提升创业警觉性的重要手段。

（2）创业网络变量对创业学习的不同层面产生不同影响。作者在前期的实证研究中就发现在创业者个体影响中，社会网络支持是影响创业行为的重要因素，因此创业网络也影响了创业学习。但是由于创业学习三个层面实施过程不同，所以创业者所身处的创业社会网络的不同变量对创业学习的不同层面产生了不同的影响，具体表现在如下三个方面：

第一，网络规模对显性、隐性知识传递意愿产生倒U型影响，主要原因是网络规模对创业行为的影响是双向的。一方面社会网络规模小会降低社会网络内部知识的存量，不利于创业者找到有效的信息和学习对象，另一方面社会网络规模过大则会带来多大的信息量，使个体产生显著的信息疲劳现象，降低注意力的活力，影响个体在筛选有效的创业信息时影响创业者的分析和判断能力，因此找到一个合适的网络规模才能有效地推动创业知识共享。

第二，网络异质性对隐性知识传递意愿和信念学习意愿产生显著的负向影响。在互联网发展的基础上，个体获取多元化、异质化显性知识的渠道越来越多，因此异质性带来非冗余信息的优势越来越不明显。随着网络成员异质性的增大，成员之间沟通和交流平台构建的难度越大，学习成本提高，但是对于创业过程中重要的心得、诀窍、技能和信念的学习需要建立在平等和理解的基础上，要重视团队异质性对创业学习和创业警觉性的负面影响，使创业核心团队保持较高的同质性，降低学习成本。

第三，基于认知的信任对显性知识传递意愿产生显著的正向影响，基于情感的信任对隐性知识传递意愿和信念学习意愿产生显著的正向影响。信任是建立在人际沟通的基础上，可以推动学习双方的互动交流，降低学习成本，信任还有助于建立互惠的创业氛围，提高知识传递者抗风险能力，促进网络内的成员相互学习。无论是认知信任还是情感信任都反映了创业社会网络的信任机制的强弱。人际信任是知识共享的首要条件，当双方信任关系持续成长时，信息与经验的传递量也持续增加。

但是本研究实证分析还发现与现有研究结果并不一致的结果，表现如下：

第一，发现创业网络强度对显性知识、隐性知识传递意愿和信念学习的影响并不显著，这和许多既有研究的结论并不一致。出现这个现象主要原因在于：本研究为了将网络强度与信任机制有所区分，在测量网络强度时着重测量了网络成员联系的频率和互惠程度。随着信息技术与手机终端即时沟通平台的发展，人们之间的联系变得更加便捷，分享资源的方式更加多元化，所以当代大学生创业者团队的成员之间联系频率普遍较高，信息共享和互惠的氛围较好，但是提高个体间沟通的频率从本质上没有并没有直接增强个体间的信任和亲密度，所以对大学生创业者来说，频繁的联系并没有改善隐性知识传播意愿。因此本研究中的网络强度并没有对显性知识、隐性知识传递意愿和信念学习意愿产生显著影响。

第二，网络异质性对显性知识传递意愿的影响并不显著。本研究认为出现这个结果的原因在于随着计算机网络技术的发展，人们获取显性知识的渠道更为便捷，知识的类型更多元化。在知识共享受限的时代，成员间在教育、背景等方面的异质性会刺激创业者接触更多的多元化的显性知识，但是随着知识共享方式的多样化，异质性对显性知识传递的影响力变得更加微弱。

（3）创业网络变量对创业警觉性有显著影响。作者在前期的实证研究中发现在创业者能够获得的社会网络支持正向影响着创业警觉性。创业网络的不同变量在对创业警觉性的影响中发挥不同的作用，实证研究表明：①网络规模对创业警觉性产生倒 U 型影响；②网络异质性对创业警觉性产生显著的负向影响；③基于认知的信任对创业警觉性产生显著的正向影响；④基于情感的信任对创业警觉性有显著的正向影响。创业网络强度对创业警觉性的影响不显著。原因是同创业网络变量对创业学习的层面产生不同影响。

（4）创业学习各层面在创业网络变量影响创业警觉性过程中发挥了不同的中介作用。实证研究表明：第一，显性知识传递意愿在网络规模和情感信任影响创业警觉性的过程中发挥了部分中介作用，在认知信任影响创业警觉性的过程中发挥了完全中介作用。第二，隐性知识传递意愿在网络规模和情感信任影响创业警觉性的过程中发挥了部分中介作用，在网络异质性影响创业警觉性的过程中发挥了完全中介作用。第三，信念学习意愿在网络异质性影响创业警觉性的过程中发挥了完全中介作用，在情感信任因素影响创业警觉性的过程中发挥了部分中介作用。以上结果表明：创业学习在网络异质性和认知信任对创业警觉性的影响中发挥完全中介作用,在网络规模和情感信任对创业警觉性的影响中发挥了部分中介作用。主要原因在于,网络异质性和认知信任为创业者带来的主要影响就是提供了丰富、可信的各类知识,并且搭建便捷的沟通、学习通道,所以网络异质性和认知信任完全通过创业学习影响创业警觉性。但是情感信任和网络规模给创业者的影响不仅体现在提供信息和知识,还包括情感以及其他软硬件的支持,因此情感信任和网络规模对创业警觉性的影响部分通过创业学习实现,部分通过其他渠道实现。

(5)创业制度在创业网络变量影响创业学习各层面的过程中发挥了不同的调节作用。实证研究结果显示在网络异质性影响隐性知识传递意愿和信念学习意愿的过程中,创业制度发挥明显的负向调节作用。说明创业学习的奖惩制度和创业学习氛围可以缓解异质性给创业学习意愿带来的负面影响。异质性给隐性知识传递意愿和信念学习意愿带来负面影响的主要原因是网络异质性会增大学习双方的学习成本,合理的创业学习奖惩制度可以抵消由异质性带来的学习成本的增加,从而缓解异质性给创业学习意愿带来的负面影响。

7.4　本章小结

本章在问卷设计的基础上,通过数据收集和整理,对数据进行统计性描述、信度检验、效度检验、多重共线性检验,并采用了多元回归分析方法对创业学习在创业社会网络对创业警觉性的影响过程中发挥的中介作用,创业制度在创业社会网络对创业学习影响过程中的调节作用进行检验。

研究结果显示,创业学习的各个层面对创业警觉性均产生显著的正向影响,创业社会网络的不同因素对创业警觉性和创业学习分别产生不同影响,创业学习在不同的社会网络因素影响创业警觉性的过程中发挥了不同的中介作用,创业制度在社会网络因素影响创业学习的过程中发挥显著的调节作用。

实证分析的结论,对第6章提出的概念模型进行进一步的修正,对创业社会网络因素,创业学习和创业警觉性的影响机理有了更为清晰的了解和认识。在第9章将基于上述的研究结论为大学生创业者创业警觉性提升提出建议。

第8章　创业社会网络对大学生公益创业的影响分析

第6章和第7章通过设计问卷并开展实证研究验证前文提出的假设是否合理，对构建能够改善大学生创业者创业警觉性的社会网络提出建议。本章将针对大学生创业的新兴形式——公益创业（也称为社会创业）开展案例分析，讨论创业社会网络对大学生公益创业行为的影响，并探索高校公益创业教育的实施路径。因此本章的主要工作包括：第一，通过资料收集、访谈等方式获取两个高校大学生的公益创业案例的背景资料；第二，通过对两个公益创业案例的比较研究，探索创业社会网络对大学生公益创业组织发展的影响；第三，针对政府公益创业扶持、高校公益创业教育、公益创业团队管理提出对策和建议；第四，结合高校专创融合的要求，提出高校将公益创业教育融入专业教育的实施路径。

8.1　大学生公益创业组织发展影响因素分析

8.1.1　大学生公益创业影响因素模型

在我国经济转型的关键时期，创业通过扩大就业、增加收入为经济发展带来了新的挑战和机遇。作为商业创业的补充形式，公益创业越来越受到创业者的关注。公益创业也被称为社会创业，是利用创新商业模式来解决现有的社会问题，包括创建非营利性组织和创办以提供公益服务的企业两种类型。公益创业不仅有利于满足公共需求，而且通过商业化操作和市场机制监督，有助于推动社会公平、提升公益资源的优化配置、繁荣社会经济。

公益创业是一种创新的资源整合形式，兼顾社会价值和经济效益，在公益服务体系构建中发挥了重要作用。公益创业不同于开展一般的公益活动，具有明确的市场导向性，需要将市场化运作模式运用于公益服务领域，因此必须积极参与市场竞争，以市场化运作手段获取利润并反哺公益活动，因此"自造血"功能被视为公益创业的重要标志。纵观目前我国大学生公益创业组织，普遍存在创业行业层次低、市场化运作效率低、"自造血"能力弱、可持续发展性不强的问题。

公益创业是一种创新的社会实践模式，通过提高公共需求服务的效率推动社会问题的解决。公益创业团队通过统筹高校、企业、公共管理部门等社会公益链资源优化公益服务模式，我国各级政府、高校及其他组织积极关注青年公益创业，初步形成青年公益创业的项目、技术、金融支撑平台，鼓励和引导青年、学生投身创业实践。政府、高校、市场的互动关系对推动大学生公益创业组织的成长具有显著影响。

1. 政府提供制度保障、多元化资源扶持

首先，大学生公益创业组织由于资金等限制，难以注册成为有资质的社会团体，而注册成为小微企业难以享受非营利性组织的各种优惠政策，加重了运营负担，政府放宽公益项目准入门槛，明确公益创业组织的法律地位有助于规范大学生公益创业组织的注册和运营；其次，公益创业组织通常规模小、资源匮乏、融资能力弱、商业运作能力差，近八成的青年公益创业者希望获得政府持续的资金支持，政府对公益组织的产品及服务进行公共采购可以增强公益创业组织的生存能力，因此政府多元化资源扶持是确保公益创业持续成长的最大保障。

2. 高校开展公益创业教育、搭建创业平台

首先，高校是大学生进行公益创业的第一阵地，公益创业不同于商业创业，社会责任感是公益创业者激情的主要来源。公益创业教育不仅培养大学生的创业意识和创业能力，而且对提升大学生的社会责任感、树立高校的创业教育绩效观念和建立评价体系具有积极的作用。其次，高校通过搭建公益创业孵化、管理平台，联合企业搭建公益创业的孵化基地，通过建立公益创业集群、培育公益组织、孵化公益项目等措施推进大学生公益创业的健康发展。但是，目前我国高校的公益创业教育还存在定位有偏差、体系不完善等不足，但是从实现人才培养目标来看，公益创业教育只有与专业教育相结合才能培养具有高度社会责任感的创新创业型人才。

3.企业及公益创业孵化机构提供孵化服务

首先，国内很多非政府组织成立了非营利型公益创业孵化器，对被孵化组织提供场地设备、资金、技术、咨询服务、市场信息等支持，帮助公益创业组织解决发展初期融资难、市场开发难等问题。其次，国内很多知名企业成立公益创业机构，例如联想青年公益创业计划、零点青年公益创业发展中心等，为大学生公益创业提供资源、咨询服务、创业培训和社会实践，并资助校内大学生公益创业的优秀项目，调动大学生公益创业热情。

4.市场提供可持续发展保障

公益企业面对的市场主要包括公共产品市场和商业产品市场，公共产品市场与商业产品市场呈现部分交叉或者不交叉的状态。首先，满足社会公共需求是公益创业的出发点，公共产品市场是公益创业项目存在的根本，公益创业组织对公共产品市场需求的满足有助于提升公众的社会认可度，增强其生存能力，公益创业项目的产品及服务形式会随着社会公共产品需求的变化而调整。其次，来自商业产品市场的收益能够为公益创业活动的持续性开展提供重要的资金保障，因此满足商业产品市场的需求是公益创业项目能够持续运营的条件。

上述研究显示，政府、高校、公益孵化机构和市场在公益创业组织的发展中发挥了不同的作用，政府提供制度保障、高校提供智力支持、公益创业孵化机构提供多元化的资源供给、市场带来资金回报促进公益创业组织的健康成长。据此，本研究提出理论研究框架见下图，并通过案例分析对框架进行验证。

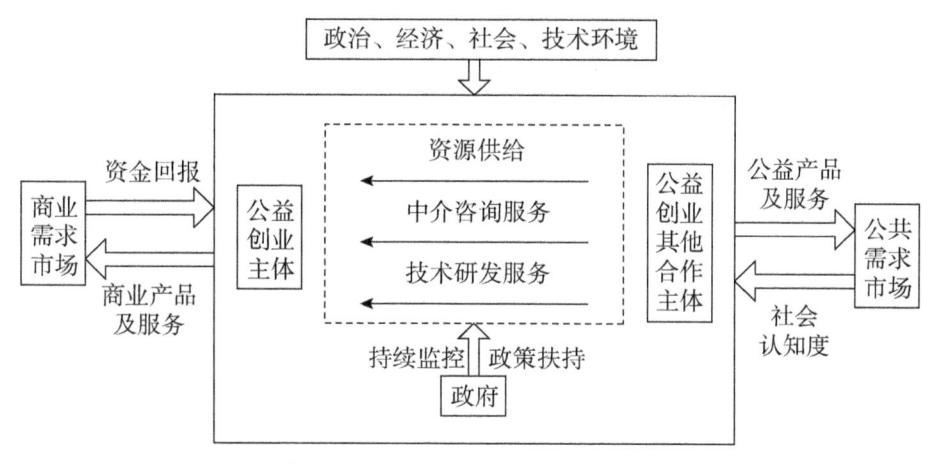

大学生公益创业组织发展的影响因素模型

8.1.2 大学生公益创业案例研究

1. 案例研究设计

（1）案例选择。本研究选择两个大学生公益案例进行研究，主要原因在于：第一，虽然大学生公益创业组织数量不少，但是满足同类需求市场且运营三年以上的组织数量有限，因此难以实施大样本定量研究，故采用探索性的案例研究方法；第二，不同的大学生公益创业组织的创业模式不同，进行跨案例研究可以通过互相对照与比较，为理论构建提供更坚实的基础。本研究选取的案例来自国内两所高校的公益创业项目：某航模公益创业项目（以下简称航模项目）以及某军事拓展公益创业项目（以下简称军旅项目）。这两个项目提供的产品、面向的服务对象有所差异，但在本质上都属于教育服务类型，而且在创业的不同阶段都表现出鲜明的成长特点，因此具有典型的比较研究意义。

（2）资料的收集方式。本研究通过多种来源收集、分析资料和数据。第一，对公益创业团队进行了多次面对面、非结构化的访谈，尽可能准确地重现团队创业以来的关键阶段、重大创新和管理决策；第二，参与这两个团队组织的公益活动，与产品服务客户进行充分交流，通过观察、体验并收集信息；第三，直接访问公益创业团队微信公众号、网站，抓取创业关键词。

2. 案例分析

（1）案例背景。航模项目源于某高校的公益支教活动，创业团队在开展支教活动时发现贫困地区开设科学课程的学校不足 20%，后依托于高校的教育资源和科研力量，以航模教育为载体，为贫困地区儿童和城市外来务工子女提供科学教育课程。军旅项目源于国家"军改"形势下，有效安置退伍军人、缓解就业的迫切需求，后依托高校创业园、优秀退伍军人、爱国主义基地资源，为学校和企业提供军训、素质拓展等服务，为退伍军人群体提供就业、创业服务。

（2）大学生公益创业组织的创建阶段。通过调查发现，这两个公益创业组织初创时在以下三个方面存在明显差异：

第一，创业团队组成。航模项目团队的前身为某高校的公益支教团队，团队成员多为大一、大二学生，对服务社会充满热情，但本身缺乏就业、创业的压力。军旅项目的创立者不仅有高校退伍大学生士兵，而且还包括退伍军人，他们均有迫切的需求去解决毕业、退伍后的就业问题。

第二，创业资源来源。航模项目主要依托高校团委以及科研教育资源而成立，成立时筹集资金45万元，其中15万元来自高校扶持，30万元为自筹（包括项目参加各类创业竞赛所获奖金），在后期项目运营中还得到来自青少年发展基金会等公益组织的扶持，在产品开发上依托高校实验室的优势资源。军旅项目成立时筹集资金80万元，其中大学生创业贷款30万元，创始团队自筹资金50万元（主要为退伍军人安置费以及团队参加大学生创业大赛获奖获得的奖金），创业初期并没有获得来自政府、社会的资助，在后期运营中得到来自区政府、企业的资金支持。军旅创业团队创始人与当地私营军事训练营、退伍军人群体等有着良好的关系基础。

第三，公益及商业产品。在公益产品服务上，航模项目初期在支教地区，如四川阿坝、江西鄱阳、江西上饶等16个地点建立公益基地，同时也为所在城市的外来务工人员子女开展航空科技教育服务。军旅项目以所在城市为中心，为退伍军人提供就业、创业指导、为即将入伍和退伍的军人提供身份转换的培训、为学生群体提供爱国主义教育服务。在商业产品服务上，航模项目为3~18岁的学生定制了四个系列航模课程、夏令营及游学活动，并根据产品不同收取不同费用。军旅项目以为学校、其他组织提供军训、组织拓展服务为主。由于2016年国家已经出台政策不允许由军队为地方组织提供有偿服务，因此军旅项目提供的商业产品服务能够满足学校的军训服务的刚需。

（3）公益创业组织的发展阶段。随着公益活动的开展，航模项目和军旅项目在发展过程中呈现出不一样的路径，主要表现在以下三方面。

第一，组织运作模式。航模项目后期组建了航模教育团队，团队成员大部分由大学生志愿者组成，团队形式继续采用高校志愿者服务团队形式。由于团队成员主要为在校大学生，缺乏市场化产品开发和推广的经验，同时团队成员投入的时间精力相对有限，所以在商业运作方面存在很大压力。军旅项目在校内孵化成熟后组建公司化管理团队，于2017年注册公司，开始进行规范化公司运作。后期根据市场需求不断开发商业化产品及服务，例如：为企事业单位提供特色化素质拓展服务、开发独具特色的学生夏、冬令营活动以及安保服务等，为组织带来持续发展的资金，使持续开展公益服务成为可能。

第二，团队成员理念认同度。航模项目在运营中资金主要源于高校、政府的扶持，未能有效实现"自造血"，所以在发展后期出现团队成员对"公益创业"理念认知不同的问题，在主创团队成员大学毕业、升学后，项目发展就处于相对停滞的状态。军旅项目在运营一年后，80%的收入来自"自造血"，10%来自外部捐赠，10%来自政府补贴，后期则全部实现"自造血"，实现了资本与公益的良性循环。军旅项目创始人认为公益创业首先要突破自己的心理，只有明白"自造血"的重要性，才能帮助更多人，对社会做出贡献。

（4）案例总结。通过对航模项目和军旅项目的对比分析，可以看出公益创业团队、创业资源来源和商业运作模式是影响公益创业组织健康成长的主要因素。

第一，创业团队要具备一致的公益创业理念。航模项目团队成员由在校大学生组成,成员大多数是支教活动志愿者,对公益创业的认知并不一致。此外,在校大学生毕业后可选择的发展途径较为多元化,投入该项目的精力相对有限,这都影响了项目后期的发展。军旅项目团队成员为退伍大学生士兵和退伍军人,亲身经历了退伍军人安置的困境,在就业压力影响下,共同的经历和公益创业信念使得他们把公益创业作为职业发展的路径和人生目标。

第二,创业团队要有多元化的创业资源来源。航模项目在创立时资金来源于高校扶持以及团队竞赛奖励,产品设计以高校的教育资源为依托,市场推广以高校、政府及公益组织为主,因此项目的产品及市场开发资源主要来源于高校和公益组织,这严重制约了项目后期发展资源的需求,也影响了团队商业运作能力的培养。军旅项目在创立时主要资金来源于创始团队的投入,在产品开发、市场推广上以创始人团队的社会资源为核心进行资源有效整合,使用商业化的推广方式,提高了团队创业资源的配置效率。

第三,创业团队要进行商业化运作。航模项目缺乏市场化运作,商业产品服务缺乏竞争力,在国内青少年培训市场多元化发展、竞争非常激烈的形势下,未能及时开发出能更好满足顾客需求的产品服务。在后期运营中,由于收不抵支而陷入发展困境。军旅项目采取了公司化形式进行运营,以顾客需求为中心进行商业产品开发和市场推广。该项目抓住了国家"军改"相关政策调整的机会,将军训服务开发为公司稳定的收入来源,并针对企业、学校的需求定制个性化的军训、拓展培训业务,并将利润的70%用于公益活动的开展,实现社会价值与商业利益兼顾。

8.1.3 研究结论

本小节通过对两个公益创业案例的比较研究,探索影响大学生公益创业组织发展的主要因素。研究显示,现代大学生关注社会公共需求,愿意投身公益服务事业,但是公益创业不是简单的公益活动和创业行为的组合,而是公益理念与商业运作的融合,通过整合组织内外的资源实现社会价值和商业价值。政府、高校、其他组织在帮助公益创业团队形成价值共识、获得创业资源和开展商业运作的过程中发挥了重要作用。

1. 政府及其他组织给予的扶持要合理

政府、企业及其他机构的资源扶持是公益创业组织成长的推动力，这些机构在公益创业组织不同的发展时期给予不同的帮扶。第一，在公益创业组织初创时，通过政府、其他组织合作建设的公益组织孵化器，解决创业初期资金、人才和能力匮乏的问题；第二，在公益创业组织发展初期，通过设立政府专项资金或政府采购，提高项目的生存能力；第三，在公益创业组织的发展过程中，政府及其他组织给予的资源扶持要合理，否则会影响市场经济下资源的正常流动，增加公益组织的依赖性，降低项目的主动竞争能力，不利于公益创业项目的持续成长。此外，在我国公益创业还处于初期发展的背景下，政府还需要对"公益创业组织"进行合理界定，规范大学生公益创业组织的注册和运营，同时还需要营造良好的公益创业氛围，形成大学生公益创业的舆论场，树立典型，提高公益创业意识，增强社会认同感，提高创业动力。

2. 高校公益创业教育要创新

公益创业团队的价值共识是推动公益创业组织稳定成长的基础，高校公益创业教育应该将社会责任感教育、创业价值观教育放在首位。第一，以强烈的社会现实问题为导向，将培养有社会责任感的人作为教育理念；第二，重视价值观教育，将公益创业教育与高校德育工作相结合，与专业学习相结合，与大学生课外学术科技创新活动相结合，与学生社团建设相结合，将志愿公益活动作为大学生公益创业的主要实践活动形式；第三，要重视增强公益创业者的创业素质，培养创业机会识别能力、商业化运营能力，只有经济价值和社会价值并重的公益创业项目才具有生命力。

3. 公益创业组织的管理要提升

公益创业组织获得政府、高校、企业及其他机构提供的"公益链资源"，通过规范化管理提高资源配置效率，达成组织目标，因此公益创业组织的管理应该以资源协调为重点。第一，将获得的资源进行商业化运作，基于市场变化、客户需求进行产品开发和市场推广，保证持续稳定的收入来源；第二，将销售产品服务所获的利润反哺于公益事业，不仅满足社会公共需求，而且提升组织社会认知度，获得更多竞争优势，实现商业活动和公益活动协同发展；第三，在人力资源管理上，要注重组织文化的影响力，通过"以文化人"，培育团队成员的公益意识、创业团队凝聚力，形成价值认同。

但是，在研究中还存在以下的局限性。第一，所研究的两个案例均属于教育培训领域的大学生公益创业组织，研究结论和可推广性有所折扣；第二，仅选取了大学生公益创业领域的两个案例进行比较分析，数量较少，后续研究可以通过增加更多的案例对理论框架进行补充和完善。

8.2 专创融合视角下高校公益创业教育模式探索

8.2.1 公益创业教育与创业教育的关系

"专创融合"就是专业教育与创新创业教育的互融互通。国务院在《关于深化高等教育创新创业教育改革的实施意见》中指出创新创业教育要融入专业人才培养的全过程，要与专业教育、专业实践密切联系。通过课程融合的方式，让学生在开展专业理论、实践学习的过程中灵活运用创新、创业思维，专创融合成为转变双创教育模式，开展创新创业教育改革的必然要求。有创新能力、社会责任感的技术型人才是实现国家科技创新战略的重要保障，专创融合成为转变专业教育模式，提升人才培养综合素质的重要途径。

公益创业是伴随我国经济转型、社会发展产生的一种创新型创业模式。公益创业不仅可以提供更充足的公益服务，而且通过将商业化操作和市场运作融入公益项目，还可以有效地提高资源的利用效率，推动公平正义和社会繁荣。作为商业创业的补充形式，公益创业越来越受到创业者的关注。在专业教育和双创教育改革的背景下，推动专业教育与公益创业教育的融合成为切实开展专创融合的重要内容。

1. 公益创业教育是创业教育的重要组成部分

公益创业是我国全面建成小康社会，形成中国特色公益服务体系的重要力量，公益创业教育是创业教育发展的必然。近10年来，全国各地高职院校大力开展创业教育,从教育的重点来看,部分高职院校将创业教育等同于商业创业教育,侧重于提升学生获取经济价值的能力,这虽然在很大程度上激发了学生的创业意愿,但忽视了创业活动的社会价值。公益创业教育不仅需要培养学生物质财富的创造能力,而且要培养学生发现社会问题,在关注经济价值同时兼顾社会责任,以创新方式解决社会问题,实现社会价值的能力。因此,公益创业教育不仅是创业教育的一部分,而且还是创业教育适应经济发展和社会变革所进行的延伸。

2. 公益创业教育和商业创业教育有明显差异

公益创业教育既重视创业性也重视社会性,它和商业创业之间存在密切联系,但是也具有显著差异。公益创业团队的价值认同、创业资源和商业运作能力是影响公益创业组织成长的关键因素,因此,公益创业教育在理念上更加强调社会属性,要求培养学生的社会责任感,引导学生使用创新的商业模式通过满足社会需求来创造价值。高职院校的公益创业教育不仅应遵循传统创业教育的路径,培养学生对创业机会保持敏感性,而且还要将创业目的锁定在解决社会问题层面。因此公益创业教育人才培养的目标就是要培养学生发现社会问题、创新地整合社会资源寻求解决方案的能力。公益创业教育在课程设置、师资要求、教学方式等方面与商业创业教育有明显区别。

8.2.2 公益创业教育发展的现状及问题

1. 公益创业教育发展的现状

(1) 全球高校开展公益创业教育的现状。从全球公益创业教育实践来看,欧美国家开展得比较早,已经出现了明显的跨学院、跨学科的特点。欧美高校开展公益创业教育模式主要包括统筹模式、聚焦模式和融合模式。统筹模式主要依托学校的公益创业研究、教学中心面向全体学生开展教育活动;聚焦模式主要依托于商学院、管理学科等,面向商学院学生提供公益创业教育及咨询;融合模式则打通了学校不同学院的界限,将公益创业课程与专业课程融合,为全体学生提供公益创业课程。基于覆盖面广、与专业密切结合、创业率高的特点，融合模式已经成为全球高校开展公益创业教育的新趋势。

（2）我国高校开展公益创业教育的现状。我国高校的公益创业教育开展较晚，公益创业研究尚处于起步阶段，但是发展迅速。自2007年湖南大学成立了国内最早的公益创业研究中心以来，全国高校广泛参与公益创业教育与实践，公益创业教育体系初步形成，公益创业逐渐被纳入高级别的创新创业比赛。2014年公益创业纳入"创青春"全国大学生创业大赛范围，2016年中国"互联网"大学生创新创业大赛开始增设"互联网"公益创业赛项。这表明从全国范围来看，公益创业活动和公益创业教育受到越来越受到重视。但是从高校开展公益创业教育的实践来看，还存在一些典型问题：

第一，部分高职院校对公益创业教育的定位存在偏差。部分高职院校对公益创业教育的重视程度不够，没有认识到公益创业教育与商业创业教育的异同点，直接按照商业创业教育的模式开展公益创业教育。因此部分学生就会对公益创业的经济利益诉求与社会价值目标的平衡存在疑虑，还会简单化地将公益创业等同于公益活动，只注重创造和实现社会价值，忽视了公益创业项目的"自造血"能力，这些都反映出部分高职院校公益创业教育的定位不够明确。

第二，高职院校重视公益创业的实践活动，但是教育体系不完善。作为一种新型的创业模式，公益创业受到高校和机构的重视。目前湖南大学、复旦大学、上海财经大学等高校都成立了公益创业研究机构，各地政府、高校、社会机构出台政策支持大学生公益创业活动、开展创业大赛、实施创业培训。但是与之不配套的是，高职院校公益创业教育体系并不完善，表现为：第一，虽然很多高职院校已经开发了有针对性的创业课程资源，但是还缺乏专业化的公益创业教学资源；第二，大多数从事创业课程教学的教师缺乏公益创业实践经验，公益创业的校外导师数量也不能满足高校公益创业教育的需求；第三，公益创业教育过程沿袭商业创业教育模式，教学组织形式单一，教学活动不能突出公益创业的特点，影响公益创业教育的效果。

2. 公益创业教育与专业教育融合的必要性

（1）公益创业教育有助于推动专业人才培养目标的实现。首先，高职院校的专业教育重在培养具有创新能力的专业应用型人才，公益创业教育重在培养能够运用专业技术，创新地整合资源并解决社会问题的高素质人才，公益创业教育与专业高素质人才培养在目标的达成上是相辅相成的。其次，公益创业重视学生社会责任感的培养，习近平总书记强调，"要把立德树人的成效作为检验学校一切工作的根本标准。"公益创业教育体现了个人价值、经济价值与社会价值的统一，从教育理念、教育形式、教育资源上创新了思政教育的新路径，可以成为专业开展思政教育的新载体。

（2）公益创业活动的特征要求开设跨专业课程。商业创业将经济价值目标放在首位，因此高校商业创业教育的实施主体通常以商学院为主。但是公益创业强调兼顾经济价值和社会价值，通过创业行为解决社会问题，特别是面向社会低层次的人群需求，因此公益创业会涉及医疗卫生、基础教育、社会管理、环境保护等不同领域，因此开展公益创业教育除了商学院的参与外，还要求其他非商科学院的参与，进行专业的联合设置，开设跨学院、跨专业的融合性课程。在国外，公益创业教育已经呈现出多元、开放、融合的趋向，进而融入专业性学科。

（3）公益创业教育的过程需要与专业实践相结合。创业教育在教育形式上强调实践性，公益创业教育特别关注识别创业机会、整合创业资源、创新商业模式，公益创业的根本出发点是使用专业技术和创新模式来决社会需求问题，因此公益创业教育更加重视社会实践，特别强调发挥专业实践教育的育人作用。因此公益创业教育除了与大学生思想政治教育、专业学习融合外，还需要与专业创新实践、社会实践、社区公益服务紧密结合，真正实现在实践中发现问题、分析问题和解决问题，培养具有高度社会责任感的创新创业型人才。

8.2.3 专创融合视角下高校公益创业教育模式的构建

公益创业教育应该面向所有大学生，它不是某些专业学生的特殊教育。专业教育与公益创业教育的有效衔接是专创融合的重要内容，对推进高校创新创业教育改革、实现人才培养目标具有重要作用。为实现专业教育和公益创业教育的融合，需要确定专业人才培养目标、课程开发、师资培养和评价体系四方面着手，探索专创融合的教育模式。

1. 确定服务于"地区+专业+社会"的人才培养目标

确定融合公益创业教育和专业教育要求的人才培养目标是实现专创融合的前提。高职院校的专业通常都围绕地区经济发展需求，产业结构特征设计人才培养目标。公益创业要求创业者从地区的社会需求出发，使用专业技术为解决社会问题开展创新的创业活动。可以看出，服务于地区、运用专业技术、满足社会发展目标是专业教育和公益创业教育人才培养的共同点。因此在进行专业人才培养目标的设计时，首先要求专业教育应当贴合地区经济、科技发展；其次要还要引导大学生了解当地政策，思考自己所在专业与地区发展的关联；最后要结合地区发展的现实社会问题，引导大学生树立商业与公益结合的价值观和兼顾社会责任的思维习惯。

2. 设计"发现+探究+解决"问题的融合性课程

公益创业教育与专业教育在知识、技能层面的融合是实现专创融合的条件。公益创业教育是面向全体学生开展的教育，各专业领域知识具有显著差异性，因此从本质上来，专业教育与公益创业教育的融合不是课程内容的融合，而是课程设计的融合。首先，公益创业源于社会现实问题，因此课程设计要注重培养学生的"问题意识"，鼓励学生了解专业发展现状和前景，发现尚未被满足的社会需求，并通过使用专业知识、技术探索解决社会问题的手段。其次，在专业教育实施过程中，结合社会调研、研究性学习等方法有助于实现专创融合。在开展广泛调研、自己选择专题开展研究的过程中，不仅培养了学生的专业能力，而且也培养了学生的创新精神和创业能力，鼓励学生承担社会责任，提升学生的综合素质能力。

3. 打造"公共+专业+专家"的跨专业师资队伍

打造公益创业与专业教育衔接的师资队伍是实现专创融合的保障。公益创业教育需要培养学生解决复杂社会问题的能力，不仅要求教师具备专业知识、创业知识，更需要熟悉社会公共事务发展，因此高校需要培养跨专业的师资队伍。第一，各学院发挥各自优势开设公益创业基础课程，例如商学院开设创业理论课程，法学院开设公益创业政策与制度课程；第二，专业教师积极开展课程思政，在开展专业教学的过程中引导学生思考经济发展过程中存在的典型社会问题；第三，建设兼职师资队伍，从校外聘请参与、指导公益创业项目的政府管理人员、公益创业者、非营利组织成员等为学生开展公益创业项目指导，解决校内公益创业师资紧缺的问题。

4. 建设"第一+第二+第三"课堂的立体化实践体系

建设立体化的实践体系是实现专创融合的重要手段。高校在专业人才培养过程中，围绕课内和课外、校内和校外的实践活动，通过建设专业实践、课外专业社团、公益创业活动与公益创业竞赛相结合的实践体系，实现"专业+公益创业"深度融合。教师在第一课堂中开展专业实训课程，并引导学生思考经济发展过程中存在的典型社会问题；学生在第二课堂中利用专业知识探索满足特定社会需求的方法和技术；在第三课堂中，学生走出学校、走进社区，将第二课堂中的解决方案进行实践，开展创业项目孵化。通过第一、二、三课堂循序渐进的学习与实践，形成互相促进、共同发展的立体化创新创业实践体系。

5. 开发"过程行动+成果绩效"的综合评价体系

合理的评估体系是引导专创融合合理发展的基础。在专业建设评价中，要注重过程性和结果性评价的结合。首先，过程评价着眼于评价实施融合式人才培养过程的执行情况。其次，成果评价着眼于对专创融合目标的达成情况，即公益创业行动能力进行评价。成果评价尤其重要，公益创业以公益性、社会性、可持续性、影响力作为项目的主要评价标准，因此不能仅仅以开发的公益创业项目数量、公益创业项目规模作为专创融合效果评价的主要指标，而是要更加注重该项目带来的社会效益、项目的可持续发展能力以及带动其他人及组织共同开展社会服务的影响力。

8.3 本章小结

本章以大学生公益创业活动为研究对象，讨论了创业社会网络对大学生公益创业行为的影响。公益创业以公益性和社会责任为出发点，利用创新的商业化运作模式解决社会问题。大学生已经成为我国公益创业活动的最活跃群体，但大学生公益创业组织普遍存在市场化运作效率低、可持续性发展能力弱的问题。通过对两个大学生公益创业组织的跟踪调查，我们发现公益创业团队的价值认同、创业资源和商业运作能力是影响公益创业组织成长的关键因素，并针对政府公益创业扶持、高校公益创业教育、公益创业团队管理提出对策和建议。

专业教育与公益创业教育的融合是高职院校开展专创融合的重要内容。通过分析我国高职院校公益创业教育的发展现状，本章从专业建设、创新创业教育改革需求的角度剖析了公益创业教育与专业教育融合的必要性。在专创融合背景下，提出高职院校将公益创业教育融入专业教育的路径，即确定服务"地区+专业+社会"的人才培养目标，设计"发现+探究+解决"问题的融合性课程，打造"公共+专业+专家"的跨专业师资队伍，建设"第一+第二+第三"课堂的立体化实践体系，开发"过程行动+成果绩效"的综合评价体系。

第9章 研究结论、建议与展望

9.1 主要工作

9.1.1 研究工作

创业活动是驱动经济发展和创新的原动力，国家重视大学生创业，将其视为解决就业问题，提升经济发展的有效手段。部分大学生开始尝试在就读大学期间或者毕业后投身于创业队伍。扶持大学生创业首先要提高他们的创业能力，使大学生能够对创业信息产生警觉性、发现创业机会，所以创业警觉性研究成为引导大学生创业的重要内容。基于此，本研究在分析创业社会网络特征的基础上，从理论和实证层面对社会网络、创业学习、创业制度影响创业警觉性的过程进行分析。本研究的主要工作如下：

（1）基于复杂适应性系统的基本特征，结合组织学习的概念，构建大学生创业过程的复杂适应性模型。该模型的特点在于将学习过程视为大学生创业过程的关键环节，从个体学习和群体学习两个层面剖析了大学生创业过程的本质。通过实证分析，发现创业自我效能、资源整合能力、先验知识和团队建设能力与创业意向显著正相关，创业自我效能感的影响力最大；创业警觉性在先验知识、团队建设能力影响创业意向的过程中起完全中介作用，在资源整合能力对创业意向的影响过程中起部分中介作用。

（2）探索创业社会网络对大学生创业警觉性的影响机制。创业警觉性是一个重要但并未得到深入研究的概念，特别是关于大学生创业警觉性影响因素的研究更少。这是由创业警觉性的概念和在校大学生创业行为的特殊性所决定的。本研究在研读既有文献的基础上，辨析了创业警觉性的学习性本质。

学习是一个社会化的互动过程，创业者在所处的学习网络中进行创业学习，创业社会网络为创业学习提供了物质基础，同时也促进了创业警觉性的产生与发展。本研究从创业社会网络的基本特征、创业学习等层面出发探讨创业警觉性的形成机制，同时结合制度对创业学习过程的影响，建立社会网络影响创业警觉性的宏观和微观模型。

（3）建立多期委托代理—声誉模型分析创业社会网络对创业隐性知识传递意愿的影响。在对隐性知识获取路径和传递渠道的理论分析中发现隐性知识主客体之间需通过多次交互才能实现知识的传递，由于隐性知识传递的多期性特征，知识传递双方是否建立了良好的声誉直接影响隐性知识传递的意愿和效果。因此在分析创业社会网络对创业隐性知识传递意愿影响时，以博弈论为工具，将声誉效应和委托代理模型相结合，建立了隐性知识传递的代理人—声誉模型，分析创业社会网络各因素对声誉效应影响的规律。研究发现，为了促使声誉效应的发挥，传播者的传播成本需要满足一定条件；传播者的传播成本、风险规避系数、对传播者能力预期的不确定性、声誉效应影响系数和贴现率对隐性知识传播过程中声誉机制具有显著影响，并且影响性质和影响力度各不相同。基于以上分析，识别出创业社会网络的异质性、强度、认知信任、情感信任、创业学习氛围和促进知识传递的奖惩机制是影响创业隐性知识传递意愿的主要因素。

（4）建立收益与进化过程相关的动态演化博弈模型，研究信念学习行为演化的动态过程。由于从众效应的存在，遵循社会规范有助于形成"合作"的社会地位并降低交易成本。因此通过对动态演化博弈模型的改进，将信念学习的收益函数定义为选择合作策略人群比例的线性函数分析，讨论信念学习的演化规律以及影响该过程的主要因素。研究发现，学习者的努力收益系数、努力成本系数、固定收益、固定成本、罚金以及他人策略影响系数是影响信念学习合作关系演变的重要参数。信念学习者的收益、成本系数会影响信念学习的稳定策略，从而影响系统的演化状态。如果创业社会网络内存在对不合作行为的惩罚机制，可以有效地抑制信念学习中机会主义倾向，促进学习者选择合作策略，最终促使系统演化至全部合作的状态。基于以上分析，识别出创业社会网络的异质性、强度、认知信任、情感信任、学习氛围和促进信念学习的奖惩机制是影响信念学习意愿的主要因素。

（5）构建创业社会网络、创业学习影响创业警觉性的概念模型并进行实证验证。本研究认为，由创业者及创业合作伙伴组成的创业社会网络能够为创业者提供信息、知识、资金、情感等各种扶持，所以创业网络是影响大学生创业者创业警觉性发展的重要因素。通过创业社会网络，创业者可以进行创业学习活动，包括显性知识和隐性知识的共享、改变自身创业信念的学习，而创业学习的重要结果之一就是产生创业警觉性，因此创业学习在创业社会网络影响创业警觉性的过程中发挥了中介作用，但是创业社会网络为创业者提供的帮助不仅限于改善创业学习行为，因此在社会网络不同层面的因素对创业警觉性的影响中，创业学习发挥的中介作用并不相同。

实证研究发现：第一，在大学生的创业社会网络对创业警觉性的影响上，网络规模创业警觉性的影响呈倒U型，创业社会网络异质性对创业警觉性有显著的负向影响，创业社会网络认知、情感信任对创业警觉性有显著的正向影响，网络强度对创业警觉性的影响并不显著。第二，在大学生的创业社会网络对创业学习的影响上，网络规模对显性、隐性知识传递意愿的影响呈倒U型，对信念学习意愿没有影响。网络异质性对隐性性知识传递意愿、信念学习有显著的负向影响，但是对显性知识学习意愿没有显著影响。认知信任对显性知识传递意愿有显著正向影响，情感信任对隐性知识传递意愿和信念学习意愿产生显著正向影响，但是网络强度对创业学习的影响并不显著。第三，创业显性、隐性知识传递意愿和信念学习意愿均对创业警觉性产生显著正向影响。第四，创业学习在网络异质性和认知信任对创业警觉性的影响中发挥完全中介作用，在网络规模和情感信任对创业警觉性的影响中发挥了部分中介作用。

（6）构建创业社会网络、创业制度影响创业学习的概念模型并进行实证验证，完善了创业社会网络视角下创业警觉性的影响机制。本研究认为创业制度虽然不会直接促发创业者的创业行为，但是影响创业行为的最直接要素，制度的优劣直接影响创业学习者的学习意愿和学习效果，因此创业学习奖惩制度通过对创业学习者学习收益、成本的调整，在创业网络变量影响创业学习的过程中发挥调节作用。通过实证研究，发现在网络异质性影响隐性知识传递意愿和信念学习意愿的过程中，创业制度发挥了明显的负向调节作用，这说明创业学习的奖惩制度和创业学习氛围可以缓解异质性给创业学习意愿带来的负面影响。

（7）对于大学生公益创业活动而言，创业社会网络通过整合大学生公益创业组织内外的资源助力公益创业项目实现社会价值和商业价值。公益创业团队通过获得政府、高校、其他组织的扶持形成价值共识、获得创业资源和开展商业运作，创业社会网络对大学生公益创业警觉性具有显著影响。高校作为大学生公益创业的辅导主体，在专业教育中应该从专业建设、创新创业教育改革需求的角度出发，开展专企共建、专创融合的教育模式，创新公益创业教育融入专业教育的路径。

9.1.2 管理启示

创业社会网络对大学生创业者具有非常重要的意义，它是创业者获取创业扶持的重要来源。本研究通过对创业社会网络、创业学习和创业警觉性关系的分析，对如何构建合理有效的创业社会网络提出如下建议：

（1）控制网络规模。基于网络规模对创业学习和创业警觉性影响的倒U型，在大学生创业社会网络规模上存在一个最优值，使创业大学生对显性知识传递的意愿达到最大，因此创业者的核心团队构成需要确定一个合理的人数。结合当代互联网信息技术的发展和手持网络设备的普及，人们搜索信息的方式越来越多、途径越来越便捷，本研究显示创业者的核心创业网络规模为5~7人能够对创业学习和创业警觉性的发展产生最为明显的促进作用。

（2）保持核心创业社会网络成员的同质化。这里的异质性指的是创业核心团队的异质性，而不是整个团队的异质性。为了能够提高核心创业团队的同质性水平，需要大学生核心创业团队成员之间具有相似的专业、教育、社会背景，同时也要提高创业团队成员通过互联网搜索、学习多元化信息、知识的能力，以降低同质化带来的信息冗余的负面影响。

（3）强化创业团队的信任机制。信任是建立在人际沟通的基础上，信任有利于建立互信互惠的学习氛围内，认知信任有助于提升显性知识传递意愿，情感信任有助于提升隐性知识学习、信念学习意愿。信任的建立源于人们日常的交往，创建合作互惠的组织文化和氛围有利于增强认知和情感信任，同时也不可忽视制度的保障，前文研究表明对于不合作的惩罚有助于抑制创业学习中的机会主义倾向，协助创业社会网络中信任机制的建立。

（4）构建创业社会网络的基本制度，推出创业学习的奖惩机制，优化创业学习氛围。在设计隐性知识转移报酬制度时需要从前期产出和当期产出两方面着手并赋予较大的影响力，同时还要以信任与互惠原则为基础，帮助传播者的知识转移行为得到更多认同，使知识传递双方形成关系型心理契约，提高隐性知识共享的意愿。在设计信念学习报酬机制时要强调罚金对学习收益函数的影响，抑制信念学习中机会主义倾向，促进学习者选择合作策略。

9.2 研究创新点与展望

9.2.1 研究创新点

本研究的创新点体现在以下四个方面：

（1）将社会互动思想引入创业警觉性影响因素研究，从创业网络中其他个体以及创业政策对创业者创业警觉性的影响出发，探讨影响创业警觉性的主要因素以及影响机制。目前对大学生创业警觉性的研究主要集中讨论其与创业机会发现之间的关系，鲜有研究分析创业警觉性的影响因素以及形成过程。在回顾创业警觉性和创业学习的经典理论基础上，对两者的概念和划分维度进行总结并发现创业警觉性就是创业学习的重要成果。从创业社会网络和创业政策对创业学习影响的角度出发，分析社会网络因素影响创业警觉性的机理。本研究将创业警觉性与创业学习理论相结合，为深入进行创业警觉性研究开创一个新的路径，同时也为帮助制定切实有效的大学生创业学习政策、改善创业氛围提供理论依据。

（2）针对大学生创业隐性知识传递多期性的特点，改进传统的委托代理模型，在理论上将声誉模型与委托代理理论相结合。通过调整隐性知识传递契约的隐性激励系数，建立隐性知识传递的代理人—声誉的动态激励模型，分析要发挥声誉效应所需要满足的基本条件以及社会网络的各因素对声誉效应影响的规律。一方面从理论角度讨论了大学生创业社会网络因素影响隐性知识传递意愿的机理和条件，为后期的实证研究提供理论支撑；另一方面也丰富了委托代理理论在知识传递领域的研究和应用。

（3）针对从众效应有助于形成合作并降低交易成本的现象，改进动态演化博弈模型。在理论上根据大学生创业群体内信念学习的收益变化特点，将信念学习的收益函数定义为选择合作策略人群比例的函数（而不是固定值），构建了收益与进化过程相关的动态演化博弈模型。分析"从众效应"影响下信念学习的演化规律以及影响该过程的主要因素，并且讨论了惩罚机制对抑制信念学习中机会主义倾向的作用。一方面从理论角度讨论了大学生创业社会网络影响信念学习行为演化的主要因素，描绘了大学生创业信念学习的演变过程；另一方面改进了演化博弈模型在学习博弈中的应用。

（4）从实证角度讨论创业社会网络各因素对创业学习意愿的不同影响。目前已经有学者在理论和实证上对社会网络因素影响知识转移意愿和绩效进行分析和验证，但是随着科学技术的发展，大学生的学习方式与过去显著不同，大学生创业社会网络群体的构成也有显著不同，因此当代大学生创业社会网络对创业学习的影响与既有研究存在差异。本研究从当代科技发展、大学生学习方式、大学生创业特征出发，通过实证研究得到了和既有研究不同的结论，特别体现在：网络规模对显性、隐性知识传递意愿和创业警觉性产生倒U型影响；创业网络强度对显性知识、隐性知识传递和信念学习意愿的影响并不显著。在软、硬件快速发展的互联网环境下，该结论丰富了大学生创业学习影响因素的研究。

9.2.2 研究展望

有待进一步研究的问题：

（1）从其他角度研究创业社会网络对创业警觉性的影响。创业警觉性是创业学习的结果体现，但是影响创业警觉性形成过程的不仅有创业学习，还包括个体特质、其他网络支持等。本研究也发现创业学习在网络规模、情感信任对创业警觉性的影响中发挥了部分中介效用，这表明创业社会网络规模、情感信任要素还通过其他因素直接或间接影响创业警觉性。在本研究中并未深入探讨该问题，这是作者今后研究的一个方向。

（2）对隐性知识传递的委托—代理声誉模型的进一步改进

第一，在将声誉模型与委托代理模型相结合讨论隐性知识传递时，本研究为了便于分析和计算，将知识传递激励系数设置为上期传播产出的线性函数。但是在实际激励过程中知识传递激励系数是一个可以根据隐性知识传递政策调整的变量，在今后的研究中可以对知识传递激励系数重新设置使研究结果具有针对性。

第二，本研究主要从收益角度分析如何提升传播者和接收者的传递意愿，但是在现实的学习场景中，社会地位、情感联系等因素均能够影响知识传递意愿，除了知识传递意愿以外，外部环境、传播者和接收者的学习技能均会对知识传递绩效产生影响。

（3）对信念学习的演化博弈模型的进一步改进

第一，为了讨论信念学习收益变化的特点，本研究将收益函数设置为信念学习策略的参与者比例的线性函数，为拒绝信念学习的不合作行为处以固定的罚金。由于在现实的创业组织进行信念学习的环境是极为复杂的，受到学习双方，组织内外部环境的综合影响，因此信念学习收益函数的变化、罚金的变化呈现多种趋势，在本研究中并未深入探讨该问题。

第二，在信念学习的研究中，本研究主要从惩罚机制角度讨论了罚金对团队信念学习的影响，而在创业团队中，"惩罚"会有更多的表现形式，例如团队成员的排挤、不信任和情感冲突。本研究受限于研究设计，主要着眼于创业团队"管理制度"的探讨，相对而言，缺乏从"人"的角度寻求促进团队合作的答案，因此整个研究过程并未对以上问题进行深入探究。

（4）网络规模对创业活动倒U型影响的理论分析。既有很多研究表明社会网络规模正向影响着创业活动，但是本研究在实证上发现网络规模对创业活动倒U型影响。该影响趋势曾在一些研究中提及，但是都未曾在理论层面上进行分析。在今后的研究中可以更加关注网络规模对创业活动倒 U 型影响的理论分析，讨论该影响过程的因素。

（5）对影响创业警觉性创业制度的进一步扩展。本研究在讨论创业制度对创业警觉性的影响时以理论分析为基础，着重探讨了创业学习制度通过调节创业社会网络对创业学习的影响进而影响创业警觉性。创业制度不仅包括创业学习制度，在宏观上还包括国家、地区为大学生制定的各项涉及融资、税收、培训、经营等各项制度。在本研究中并未深入探讨该问题，这也是笔者今后研究的一个方向。

附录

大学生创业警觉性调查问卷

您好,感谢您在百忙中阅读本问卷,我中心正在进行一项关于大学生创业的研究,本次调研纯属学术研究,未经您的许可,我们将对您的数据保密,再次感谢您的支持!

一、个人基本信息A(请根据实际情况,在对应的方框上打钩)

你的性别: □男 □女

你的成长地域: □东南 □东北 □西南 □西北

你的成长环境: □城市 □乡镇 □农村

你所在的专业: □经管 □工科 □其他

你的创业经历: □没有 □一次 □多次

家人创业经历: □没有 □一次 □多次

二、以下是关于个体社会网络的描述(请根据实际情况在对应的数字后打钩)

A1 你的核心创业团队有(　　)人。(最多不超过10个)

A2 他们与你的关系:

同学关系有(　　)人,来自(　　)个不同专业。

非同学关系有(　　)人,具有(　　)种不同职业。

项目	描　　述	非常不同意 ←——→ 非常同意				
网络强度	C1 团队成员间的关系是友好亲密的	1	2	3	4	5
	C2 团队成员间经常沟通	1	2	3	4	5
	C3 团队成员互动讨论内容非常深入	1	2	3	4	5
	C4 团队成员间的交流是互惠的	1	2	3	4	5
认知信任	D1 我不会怀疑其他成员的专业技能	1	2	3	4	5
	D2 我不会怀疑其他成员的工作能力	1	2	3	4	5
	D3 我相信其他成员是我工作上的好帮手	1	2	3	4	5
	D4 我对其他成员的工作表现感到放心	1	2	3	4	5
情感信任	E1 团队成员间的感情很好	1	2	3	4	5
	E2 成员间能直抒己见，也能坦陈不足和错误	1	2	3	4	5
	E3 我们为了友好关系的建立而努力	1	2	3	4	5
	E4 我们相互关心对方的工作与生活	1	2	3	4	5

三、以下是关于团队内的知识转移和学习的相关描述（请根据实际情况在对应的数字后打钩）

项目	描　　述	非常不同意 ←——→ 非常同意				
显性知识传递	F1 团队成员愿意分享创业信息与知识	1	2	3	4	5
	F2 团队成员愿意相互借阅书籍材料	1	2	3	4	5
	F3 团队成员愿意分享创业数据库	1	2	3	4	5
	F4 团队成员都努力于创业知识、信息的分享	1	2	3	4	5
隐性知识传递	G1 团队成员愿意分享新获得的创业技能	1	2	3	4	5
	G2 团队成员愿意深度分享创业经验、心得	1	2	3	4	5
	G3 团队成员愿意分享创业过程中的诀窍	1	2	3	4	5
	G4 团队成员关于创业的交流非常深入	1	2	3	4	5
	G5 团队成员都努力于创业技能、经验的分享	1	2	3	4	5
互动学习	H1 我愿意向成员学习并改变对创业活动的理解	1	2	3	4	5
	H2 我愿意向成员学习并改变在创业中的决策偏好	1	2	3	4	5
	H3 我愿意向成员学习并改变已经形成的思维模式	1	2	3	4	5
	H4 团队成员进行非常深入的互动学习	1	2	3	4	5
	H5 我愿意投入更多的精力和同伴进行互动学习	1	2	3	4	5

四、以下是关于您所在地区的相关描述（请根据实际情况在对应的数字后打钩）

项目	描述	非常不同意 ←→ 非常同意				
氛围制度	J1 越愿意分享知识与信息，越能获得好处	1	2	3	4	5
	J2 越愿意分享技能与诀窍，越能获得好处	1	2	3	4	5
	J3 越愿意互动学习，越能获得好处	1	2	3	4	5
	J4 我相信以前在知识共享和学习上表现得越好，未来收获的好处越多	1	2	3	4	5
	J5 有浓厚的支持创业的氛围	1	2	3	4	5
	J6 进行知识分享行为得到大家的认可	1	2	3	4	5
	J7 进行相互学习得到大家的认可	1	2	3	4	5

五、以下是关于创业意愿的相关描述（请根据实际情况在对应的数字后打钩）

项目	描述	非常不同意 ←→ 非常同意				
创业警觉性	I1 我在业余时间经常琢磨新的商业想法	1	2	3	4	5
	I2 我关注新信息，并期望从中获得启示	1	2	3	4	5
	I3 我可以将一些看似不相关的事物联系到一起	1	2	3	4	5
	I4 我喜欢对相同的事物用不同的方法进行思考和分析	1	2	3	4	5
	I5 我愿意突破传统思维并承担风险	1	2	3	4	5
	I6 我愿意进行持续努力的学习以发现创业机会	1	2	3	4	5

参考文献

[1] 封艳红,许涤龙. 普惠金融、创业与经济增长互动关系的统计检验[J]. 统计与决策,2021(24):147-151.

[2] 麦可思研究院. 就业蓝皮书:2022年中国本科生就业报告[M]. 北京:社会科学文献出版社,2022.

[3] 魏喜武. 创业警觉性研究前沿探析与相关命题的提出[J]. 外国经济与管理,2009,31(5):8-14.

[4] 孙俊华,魏丽. 社会网络与中国大学生创业绩效关系的元分析[J]. 高校教育管理,2021,15(05):64-75.

[5] 李国彦,李南. 大学生创业者个体因素对创业警觉性的影响研究——基于社会创业政策的调节作用[J]. 教育发展研究,2014,34(19):38-43.

[6] 陈敏灵,毛蕊欣. 创业警觉性、资源拼凑与创业企业绩效的关系[J]. 华东经济管理,2021,35(07):46-55.

[7] 刘向. 基于博弈的信念学习模型分析[D]. 重庆:西南大学,2013.

[8] 张秀娥,王勃. 创业警觉性、创造性思维与创业机会识别关系研究[J]. 社会科学战线,2013(01):78-84.

[9] 王庆金,周键,周雪. 创业环境、创业警觉性与新创企业绩效关系研究[J]. 东岳论丛,2019,40(07):140-148.

[10] 张闯. 管理学研究中的社会网络范式:基于研究方法视角的12个管理学顶级期刊(2001-2010)文献研究[J]. 管理世界. 2011(7):154-168.

[11] 边燕杰,张磊. 网络脱生:创业过程的社会学分析[J]. 社会学研

究，2006（6）：74-88+244.

［12］俞兆渊，鞠晓伟，余海晴.企业社会网络影响创新绩效的内在机理研究——打开知识管理能力的黑箱［J］.科研管理，2020，41（12）：149-159.

［13］杨俊，张玉利，杨晓非等.关系强度、关系资源与新企业绩效——基于行为视角的实证研究［J］.南开管理评论，2009，12（4）：44-54.

［14］徐凤增，周键.创业导向、创业警觉性与企业成长关系研究［J］.中央财经大学学报，2016（11）：114-122.

［15］付夔钰，韩炜，彭靖.创业网络结构如何动态影响创业学习？——基于资源依赖视角的案例研究［J］.现代财经（天津财经大学学报），2021，41（09）：61-77.

［16］倪宁，王重鸣.创业学习研究领域的反思［J］.科研管理，2005，26（6）：94-98+72.

［17］张旭，基于社会网络的隐性知识转移机制实证研究［D］.青岛：青岛大学，2010.

［18］徐示波，仲伟俊.科学商业情境下科学家创业过程研究——基于扎根理论的质性规律探讨［J］.科技进步与对策，2022（6）：152-160.

［19］齐昕，刘家树，大学生创业意愿影响因素研究——模型与实证［J］.科技进步与对策，2011（16）：151-155.

［20］李国彦，李南.青年创业领导力与创业意向关系研究——基于江苏省青年创业行为抽样调查的分析［J］.中国青年研究，2017（04）：87-92+79.

［21］胡望斌，焦康乐，张亚会.创业认知能力：概念、整合模型及研究展望［J］.外国经济与管理，2019，41（10）：125-140.

［22］李国彦.基于复杂适应性的大学生创业过程模型研究［J］.江苏第二师范学院学报，2014，30（08）：34-38.

［23］何良兴，苗莉.创业情绪与创业认知能力研究述评与框架构建［J］.首都经济贸易大学学报，2018，20（05）：105-112.

［24］包佳妮，周小虎，陈莹，等.制度环境对创业认知的影响机理［J］.科技管理研究，2017，37（07）：212-218.

[25] 高辉, 邹国庆. 制度理论与高阶理论整合视角下创业制度环境如何影响企业创新绩效 [J]. 科技进步与对策, 2019, 36 (02): 69-76.

[26] 钱华生. 创业政策对高职学生创业意愿的影响研究——基于个人特质的中介作用 [J]. 中国职业技术教育, 2020 (27): 80-84.

[27] 谷晨, 王迎军, 崔连广, 等. 创业制度环境对创业决策的影响机制 [J]. 科学学研究, 2019, 37 (04): 711-720.

[28] 杨文燮. 90后青年创业现状及其促进机制研究 [J]. 中国青年研究, 2015 (10): 88-93.

[29] 李国彦, 朱雪春, 卢荣花. 江苏省在校大学生休学创业认知影响因素实证研究 [J]. 南京航空航天大学学报 (社会科学版), 2014, 16 (02): 91-96.

[30] 张秀娥, 王超, 李帅. 制度环境、创业自我效能感与创业意愿 [J]. 科研管理, 2022, 43 (05): 59-66.

[31] 边燕杰, 张文宏. 经济体制、社会网络与职业流动 [J]. 中国社会科学, 2001 (02): 77-89.

[32] 张青, 曹尉. 社会资本对个人网络创业绩效影响的实证研究 [J]. 研究与发展管理, 2010, 22 (1): 34-42.

[33] 徐伟青, 檀小兵, 奉小斌, 等. 国外团队社会网络研究回顾与展望: 基于知识转移视角 [J]. 外国经济与管理, 2011, 33 (11): 29-38.

[34] 许诺. 组织学习与企业绩效: 制度质量的调节作用 [D]. 长春: 吉林大学, 2013.

[35] 李娇. 基于目标取向的企业师徒制隐性知识共享行为选择研究 [D]. 南京: 南京航空航天大学, 2013.

[36] 杨湘浩, 刘云. 企业隐性知识共享激励机制研究 [J]. 中国管理科学, 2012 (S1): 80-83.

[37] 万青. 知识密集型服务业员工创新绩效影响机制研究 [D]. 南京: 南京航空航天大学, 2012.

[38] 刘良灿, 张同健. 组织隐性知识转移的演化博弈——基于互惠性企业环境 [J]. 技术经济与管理研究, 2011 (02): 38-41.

［39］刘臣，张庆普，单伟等．组织内部知识网络中的知识共享进化博弈分析［J］．系统管理学报，2011，20（02）：218-224.

［40］陈萍，彭文成．强关系与弱关系下企业网络中的知识共享进化博弈分析［J］．情报理论与实践，2014，37（04）：28-31.

［41］喻登科，李亚平，周荣．基于社会心理的隐性知识共享模型［J］．情报理论与实践，2014，37（11）：61-66.

［42］李国彦，李南．创业社会网络中隐性知识转移激励模型研究——代理人市场-声誉理论视角的探索［J］．科技进步与对策，2016，33（07）：139-143.

［43］程艳霞，吴应良．隐性知识传播模型及共享体系研究［J］．情报杂志，2005，24（8）：16-17.

［44］胡洪浩，王重鸣．创业警觉研究前沿探析与未来展望［J］．外国经济与管理，2013（12）：11-19.

［45］谢亚萍，黄美娇．社会网络、创业学习与创业能力——基于小微企业创业者的实证研究［J］．科学学研究，2014，32（3）：400-409.

［46］李国彦．大学生社会网络对创业警觉性的影响：高校创业环境的调节效用［J］．南京航空航天大学学报（社会科学版），2022，24（01）：108-112.

［47］肖璐，范明．家庭社会网络对大学生创业动机的影响机制研究［J］．中国科技论坛．2013（2）：134-138+146.

［48］曾宇容，杨静．组织间信任、社会互动、知识获取对组织创新绩效的影响研究——以浙江企业为例［J］．科技管理研究，2013，33（13）：154-158.

［49］黄同飞．非正式网络对研发团队创造力的影响研究：以共享心智模型为中介变量［D］．南京：南京航空航天大学，2015.

［50］赵小平，毛佩瑾，等．公益领域中的"市场运作"：社会组织建构社区社会资本的机制创新［J］．中国行政管理，2015（11）：61-66.

［51］赵立波．公益服务：政策演进与概念辨析［J］．中国行政管理，2016（01）：35-40.

［52］屠霁霞．大学生公益创业影响因素分析及建议［J］．教育发展研究，2018（01）：7-13.

[53] 司勇, 陈曦, 任泽中. 大学生公益创业孵化网络建设[J]. 中国高校科技, 2019（12）: 90-92.

[54] 苏海泉. 大学生公益创业教育的理论基础探究[J]. 创新与创业教育, 2020（02）: 39-43.

[55] 林爱菊, 唐华. 公益创业教育: 大学生创业教育的新拓展[J]. 大学教育科学, 2017（03）: 101-105.

[56] 孙小涵, 李国彦. 专创融合视角下高职院校公益创业教育模式探索[J]. 江苏经贸职业技术学院学报, 2021（01）: 62-65.

[57] 李国彦, 郭鹰. 大学生公益创业组织可持续成长的影响因素研究[J]. 江苏高职教育, 2021, 21（02）: 61-66.

[58] 倪好. 高校社会创业教育的基本内涵与实施模式[J]. 高等工程教育研究, 2015（01）: 62-66.

[59] 郑节霞, 陈乃车. 我国公益创业教育的发展演进和内在瓶颈[J]. 中国高等教育, 2020（03）: 53-54.

[60] 程秀娟, 马俊. 高校公益创业教育与思政教育的功能耦合及优化[J]. 教育与职业, 2019（06）: 74-77.

[61] 黄兆信, 李炎炎. 社会创业教育的理念与行动[J]. 教育研究, 2018, 39（07）: 67-71.

[62] 蒋伟中. 经济新常态下的大学生公益创业教育: 内涵、价值与路径构建[J]. 继续教育研究, 2017（08）: 13-16.

[63] 陈强. "专创融合"人才培养模式构建及推进策略——以新商科专业群为视角[J]. 中国高校科技, 2019（11）: 73-76.

[64] 刘蕾, 邓逸雯. 高校公益创业教育: 评价指标体系构建与现状分析[J]. 高校教育管理, 2020（01）: 71-81.

[65] Shane S, Venkataraman S. The Promise of Entrepreneurship as a Field of Research[J]. Academy of Management Review, 2000, 25（1）: 217-226.

[66] Kirzner I M. Competition and Entrepreneurship[M]. Chicago: University of Chicago press, 1978.

［67］Kirzner I M. Discovery and the Capitalist Process［M］. Chicago: University of Chicago Press, 1985.

［68］Kirzner I M. The Alert and Creative Entrepreneur: A Clarification［J］. Small Business Economics, 2009, 32（2）: 145-152.

［69］Zhineng Li. Entrepreneurial Alertness［M］. Berlin Heidelberg: Springer Berlin Heidelberg, 2013.

［70］Cohen W M, Levinthal D A. Fortune Favors the Prepared Firm［J］. Management Science, 1994, 40（2）: 227-251.

［71］Zahra S A, George G. Absorptive Capacity: A Review, Reconceptualization, and Extension［J］. Academy of Management Review, 2002, 27（2）: 185-203.

［72］Lane P J, Pathak K S. The Reification of Absorptive Capacity: A Critical Review and Rejuvenation of the Construct［J］. Academy of Management Review, 2006, 31（4）: 833-863.

［73］Nonaka I, Takeuchi H. The Knowledge-Creating Company［M］. Oxford: Oxford University Press, 1995.

［74］Manski C F. Economic Analysis of Social Interactions［J］. Journal of Economic Perspectives, 2000, 14（3）: 115-136.

［75］Ardichvili A, Cardozo R, Ray S. A Theory of Entrepreneurial Opportunity Identification and Development［J］. Journal of Business Venturing, 2003, 18（1）: 105-123.

［76］Wellman B, Berkowitz S D. Structural analysis: from method and metaphor to theory and substance［M］. Cambridge: Cambridge University Press, 1988.

［77］Polanyi M. Personal Knowledge: Towards a Post-Critical Philosophy［M］. Chicago: The University of Chicago Press, 1962.

［78］Kolb D. Experiential Learning: Experience as the Source of Learning and Development（2nd Edition）［M］. Hoboken: Pearson FT Press, 2014.

[79] Holcomb T R et al. Architecture of Entrepreneurial Learning: Exploring the Link Amon Heuristics, Knowledge, and Action [J]. Entrepreneurship Theory and Practice, 2009, 33 (1): 167-192.

[80] Bisin A, Verdier T. The Economics of Cultural Transmission and Socialization [R]. NBER Working Papers, 2010.

[81] Timmson J A, Spinrlli S. New Venture Creation: Entrepreneurship For the 21st Century (7nd Edition)[M]. Boston: McGraw-Hill/Irwin, 2007.

[82] Mary J, Noboa E. Social Entrepreneurship and Social Transformation: An Exploratory Study [R]. University of Navarra-IESE Business School Working Paper Series 955, 2006.

[83] Sharir M, Lerner M. Gauging the success of social ventures initiated by individual social entrepreneurs [J]. Journal of World Business, 2006 (41): 6-20.

[84] Chen C C, Greene P G, Crick A. Does Entrepreneurial Self-efficacy Distinguish Entrepreneurs From Managers? [J]. Journal of Business Venturing, 1998 (14): 295-316.

[85] Bruderl J, Preisendorfer P. Network Support and the Success of Newly Founded Business [J]. Small Business Economics, 1998, 10 (3): 213-225.

[86] Davidsson P, Honig B. The Role of Social and Human Capital among Nascent Entrepreneurs [J]. Journal of Business Venturing, 2003 (18): 301-331.

[87] Polanyi K. The Great Transformation [M]. Boston: Beacon Press, 2001.

[88] Granovette M. Economic Action and Social Structure: The Problem of Embeddedness [J]. American Journal of Sociology, 1985, 91 (3): 481-510.

[89] Christoph et al. Task Contingencies in the Curvilinear Relationships Between Intergroup Networks and Initiative Performance [J]. Academy of Management Journal, 2010, 53 (4): 865-889.

[90] Rae D. Entrepreneurial Learning: A Conceptual Framework for Technology-based Enterprise [J]. Technology Analysis & Strategic management, 2006, 18 (1): 39-56.

[91] McAllister, Daniel J. Affect and Cognition-based Trust as Foundations for Interpersonal Cooperation in Organizations [J]. Academy of management journal, 1995, 38 (1): 24-59.

[92] Li G Y, Li N. Policy support to social entrepreneurship cooperation based on evolutionary game theory [J]. C E Ca, 2017, 42 (5): 2152-2156.

后　记

　　大学生创业是创业研究领域的"常青树",我从2014年就开始关注大学生创新创业活动,成功申报了数个大学生双创研究项目,指导了10余项大学生双创项目参加各类竞赛并获奖。在此过程中,我深刻感受到政府、高校对创新创业的支持和学生对创新创业的热情,并尝试探索大学生创业警觉性的形成机制,对社会创业政策、高校创业教育提出建议,这是写本书的初衷。

　　创新创业活动本身就具有显著的时代特征,会结合当下特殊的外部环境呈现不同的特点并提出不同的要求。创新创业教育、创新创业政策研究总是围绕当今及未来最关键的问题展开,只有构建中国特色的大学生创新创业理论体系、打造创新创业教育模式是培养创新创业型人才、建设创新型社会的迫切需要,坚持将大学生创新创业研究成果用于指导大学生的创业实践,才能解锁更多的创业密码。当然,在研究过程中总是会出现各种新的问题,只有敢于直面新形势带来的新挑战,才能让研究真正对社会发展产生推动作用。

　　在此,我要感谢我的导师李南老师,无论是在我读书时还是在工作以后,她踏实的科研精神和一丝不苟的工作态度一直深刻影响着我,激励我不断前行,持续进步。

李国彦

2022年12月